ASMR

MANUEL D'ORGASME CÉRÉBRAL

ISBN : 978-2-412-03329-6
Dépôt légal : février 2018
Imprimé en Espagne

Mise en page : Fabrice Del Rio Ruiz
Correction : Anne-Lise Martin

Éditions First, un département d'Édi8
12, avenue d'Italie
75013 Paris – France
Tél. : 01 44 16 09 00
Fax : 01 44 16 09 01
Email : firstinfo@efirst.com

ÉLODIE-JOY
JAUBERT

ASMR

MANUEL D'ORGASME CÉRÉBRAL

FIRST
ÉDITIONS

Sommaire

« La voix est la musique de l'âme. »

Barbara

Assise derrière mon pupitre, j'écoutais le cours de mathématiques. Le professeur était un jeune homme dynamique, tout fraîchement diplômé. Il faisait beau, derrière les grandes fenêtres d'une salle de cours d'atmosphère lugubre et à la décoration simplissime ; le ciel était bleu azur.

La voix du professeur qui énonçait son cours, passant de son bureau au tableau noir… m'endormait. J'étais complètement anesthésiée et il me fallait lutter pour ne pas simplement fermer les yeux et me laisser bercer par la mélodie de sa voix, les bruits de ses mouvements, les pages du livre qu'il tournait et la craie qui glissait sur le tableau.

Étais-je la seule à vivre cette situation d'« hypnose » ? Est-ce que j'étais si fatiguée ?! Non, cette sensation de bien-être, d'anesthésie, je la connaissais depuis plusieurs années. À vrai dire, je ne lui donnais pas de nom et je n'avais même jamais pris le temps de l'analyser.

C'était juste « comme ça » et depuis toujours. De temps en temps, il y avait des voix, des sons, des gestes, qui m'emportaient dans cet état de somnolence.

Je me souviens avoir expérimenté ce même état d'engourdissement lorsqu'une amie faisait s'entrechoquer joliment les stylos dans sa trousse. Ou encore lorsque, après avoir trouvé son stylo, elle faisait glisser dans un ronronnement le zip de la fermeture Éclair de cette même trousse… des stimuli auditifs qui jamais ne me laissaient de marbre. J'adorais ces sensations d'assoupissement, de frissons qui m'envahissaient alors.

Pour autant je n'étais pas à leur recherche ; ils s'invitaient toujours un peu par hasard dans mon quotidien. Il est vrai que pour la grande anxieuse que j'étais, ces moments de léthargie me faisaient le plus grand bien. En quelques instants, ils suffisaient à m'apaiser et à me calmer… voire à m'endormir.

Suis-je vraiment la seule à ressentir ça ?

Cet état d'hypnose, de somnolence auditive ne pouvait pas être propre qu'à moi-même. Il devait indéniablement exister d'autres personnes aussi sensibles, ressentant les mêmes stimuli. Pour autant je n'aurais jamais osé en parler autour de moi, de crainte de passer pour une hurluberlue ou, tout simplement, à cause de la difficulté à mettre des mots sur ces sensations.

Un jour, maman m'envoie un message avec un lien YouTube. Une vidéo qu'elle me propose de regarder, en notant tout de même qu'elle trouve cette fille bizarre et un peu trop jolie. Il était clair que cette vidéo avait attiré son attention, mais semblait aussi la mettre mal à l'aise. Intriguée, d'une manière plutôt distraite, j'ai cliqué pour accéder à la vidéo en question.

Je me suis alors trouvée face à une très jolie fille, assurant la promotion d'une marque de café. Première particularité de la vidéo, et qui m'a évidemment surprise, le chuchotement suave de la demoiselle. Puis, au-delà de son chuchotement, elle jouait de telle manière qu'il me semblait possible d'interagir avec elle. Elle me regardait droit dans les yeux, souriante, avenante… me proposant de tester tel ou tel café. Je me souviens parfaitement qu'elle faisait glisser des grains de café dans sa main, pour en faire jaillir de douces sonorités. Puis elle mettait en avant le bruissement des paquets d'emballage, en les touchant de manière plus ou moins appuyée.

J'étais tout d'abord étonnée par ce nouveau genre, et moi aussi mal à l'aise. Il faut dire que je ne comprenais pas à quoi rimait toute cette mise en scènc. Qucl pouvait être le but d'une telle vidéo ?!

Son titre était : ASMR. Un acronyme signifiant « *Autonomous Sensory Meridian Response* » (réponse des méridiens sensoriels autonomes), totalement inconnu de ma culture G. Je n'avais jamais entendu parler d'ASMR et ma curiosité était piquée, d'autant que cela faisait déjà deux fois que je réécoutais ladite vidéo... non sans y trouver un plaisir qui ne m'était finalement pas étranger.

Immédiatement, YouTube me proposait de nombreuses vidéos dont les titres comprenaient tous ces quatre lettres. J'ai alors cliqué sur l'une d'entre elles. Celle-ci était « sans visage ».

Il s'agissait d'une jeune femme dont on ne percevait que le buste et qui, d'une voix suave et toujours chuchotée, s'appliquait à faire glisser ses doigts sur divers produits de beauté. Elle pianotait, de ses ongles parfaitement manucurés, sur des emballages rigides ou encore le plastique d'un tube de crème. Le tapotement, les cliquetis et le chuchotement de cette voix féminine, le tout assemblé donnait un cocktail auditif et visuel parfait. Une mélodie, sans en être une, totalement magnétique, qui me faisait immédiatement tomber dans cette sensation d'apaisement que je connaissais bien pour avoir entendu des voix et des sons qui m'avaient si souvent bercée.

Je me rendis très vite compte que je venais de découvrir un « phénomène » auquel j'étais hypersensible, et que nous étions des centaines de milliers à y être réceptifs. Je compris que ces moments d'apaisement auditifs, voire visuels, qui avaient parsemé ma vie jusqu'à présent étaient tout à coup concentrés dans des vidéos auxquelles je pouvais m'abandonner sans restriction et à l'envi. Il ne s'agissait plus d'être surprise dans mon quotidien, mais bien de pouvoir les consommer, comme je consommerais un antidépresseur ou un somnifère naturel, sans danger et gratuit.

Très rapidement, je me suis mise à écouter/regarder de nombreuses vidéos ASMR et me suis abonnée à des chaînes YouTube dédiées. Petit à petit, l'ASMR est devenue ma soupape. Si je suis stressée, anxieuse, je regarde une ou plusieurs vidéos ASMR pour m'apaiser et me détendre de manière instantanée. De même, chaque soir, je m'endors au son de l'ASMR. Je peux l'affirmer, cette approche a vraiment participé à l'amélioration de mon bien-être quotidien.

Qu'est-ce que l'ASMR ?

« Les voix ont un pouvoir étrange sur les mots. Une seule intonation sur une syllabe et tout change. »

Claire France

Beaucoup parlent d'une « étrange sensation de bien-être » qui amène à un niveau profond de détente, suscitée par l'écoute de certaines voix, sons ou bruits. Des stimulations sonores faisant partie de notre quotidien : voix douce, chuchotement, tapotements, frottements… qui, analysés de manière rationnelle et sortis de leur contexte, ne semblent pas dotés d'un tel pouvoir d'apaisement... et pourtant !

L'ASMR correspond aux sensations ressenties lorsque la détente arrive à son paroxysme. Ces sensations se traduisent par l'apparition de picotements, de chatouillis passant du cerveau à d'autres régions du corps.

Écouter/regarder de l'ASMR, c'est avant tout s'offrir une séance de « lâcher-prise », d'apaisement et de relaxation.

Si vous avez des problèmes d'endormissement, l'ASMR peut être une vraie solution. Le système nerveux ainsi stimulé, vous pourrez, par le bien-être et le calme ressentis, avoir une belle montée de sérotonine qui favorisera votre entrée dans un bon et profond sommeil.

Calme, repos, détente, relaxation et plaisir... toute cette large palette de sensations sédatives est aujourd'hui à votre portée grâce à la magie d'Internet.

C'est pourquoi, lorsqu'on se rend compte de l'engouement grandissant pour cette forme de relaxation, il semble nécessaire de la présenter, de l'expliquer et de la faire connaître au plus grand nombre.

Aujourd'hui, compte tenu de l'actualité anxiogène, ou tout simplement des différents aléas de la vie, il serait vraiment dommage de ne pas bénéficier de cette source de décompression et de détente.

Vous le comprendrez au cours de cette lecture, l'ASMR n'est pas un phénomène qui conviendra à tout le monde. Cependant, si vous osez vous y intéresser et en comprendre les manifestations, cela peut vous ouvrir de nouveaux horizons ou du moins vous permettre de surprendre vos collègues à la machine à café, par vos connaissances sur le dernier sujet en vogue.

Suivez-moi dans ce voyage de passeurs de bien-être et découvrez, peut-être, un phénomène qui améliorera significativement votre quotidien !

Étranges sensations de bien-être

Il est vrai que pour de nombreuses personnes, l'ASMR est une pratique de relaxation totalement méconnue. En voici un bref historique.

2007

Tout aurait commencé en 2007 sur un forum de discussion anglophone nommé « Steady », qui a très rapidement identifié les effets de certains types de stimuli ressentis et appréciés, dans les nombreuses situations du quotidien. Instantanément, de nombreuses personnes se sont rapprochées pour échanger sur le sujet (dans une discussion intitulée « Weird sensation feels good », soit : « Étranges sensations de bien-être »), découvrant qu'elles se reconnaissaient toutes dans cette hypersensibilité. Ainsi, un mouvement, une communauté en était à ses premiers balbutiements.

2008

En 2008, c'est sur le serveur Yahoo que naît un groupe sous le nom de « Society of Sensationnalists ». Ce groupe atteindra plus de trois mille adhérents en moins de trois ans.

2010

Ce n'est qu'à partir de février 2010, sur une page Facebook créée par Jennifer Allen, qu'apparaîtra pour la première fois l'acronyme « ASMR ». Cette même Jennifer Allen sera ensuite la créatrice d'un site consacré au phénomène.

La première chaîne YouTube est lancée en juin 2010 sous le nom de : « The Unamed Feeling » (Le sentiment sans nom).

2012

Les médias commencent alors doucement à s'y intéresser, et c'est en 2012 que l'*Huffington Post* publiera un article intitulé « Orgasmes cérébraux ».

2017

En 2017, soit dix ans après les débuts de l'ASMR, ce n'est plus une petite centaine de personnes, mais des milliers qui se retrouvent à écouter des vidéos ASMR, et des centaines à devenir créateurs de contenus. En juin 2017, la chaîne LCI présente au journal de 20 heures « *une nouvelle drogue extrêmement addictive qui arrive tout droit des États-Unis. Certains la comparent à la morphine, sauf qu'elle serait totalement inoffensive pour le corps...* »

Mise en situation ASMR – À la pharmacie

Je patiente. Voilà, c'est enfin mon tour. Je tends une ordonnance à la pharmacienne debout derrière son comptoir. Elle balaie du regard la feuille de papier et demande d'une voix affable : « C'est pour vous ? » J'acquiesce poliment. Il y a encore beaucoup de clients autour de moi, et je n'ai pas spécialement envie que tout le monde connaisse mes prescriptions. Si possible, j'aimerais que ça aille vite. Seulement, il ne va pas en être ainsi. La jeune femme qui s'occupe de moi semble empreinte d'une surprenante nonchalance. Pas une nonchalance péjorative, mais plutôt une lenteur de gestes, de mots qui donne un sentiment de grande bienveillance. Ses jolies mains gracieuses tapotent sur son clavier d'ordinateur pour vérifier les stocks. Le clapotis rythmé des touches me fait frissonner de plaisir. Cette femme dégage indéniablement quelque chose de spécial. Je me sens parfaitement bien en sa présence, comme si elle me connaissait. Son regard caressant me subjugue. En effectuant sa recherche sur ordinateur, elle chuchote quelques mots. Je me rends compte, alors, que sa voix est magnifique. Le type de voix suave et ultra-féminine des fameuses hôtesses de l'air. Je me sens de plus en plus entourée de coton. D'un coup elle se retourne, et je l'entends s'éloigner. Ses talons aiguilles claquent sur le sol. Un son de pas hautement féminin que j'apprécie particulièrement. La voilà qui revient les mains chargées de boîtes. Elle les dépose méticuleusement, et de manière ordonnée, sur son comptoir. Avec un stylo à bille, note sur chacune d'elles les posologies à suivre. Le son de la pointe de son stylo glissant sur les cartons d'emballage légèrement plastifiés est un régal pour mes tympans. Elle me parle doucement de sa voix suave des posologies, des informations relatives à la prise de ces médicaments. Sa voix est si mélodieuse et sa gestuelle si hypnotisante que je suis tout à coup tétanisée et tellement relaxée que je pourrais tomber endormie. Telle une hypnotiseuse qui compterait jusqu'à trois pour me faire tomber dans un profond sommeil, il lui suffit d'être simplement elle-même pour me faire chavirer dans cet état somnolent. Le temps est comme suspendu. Je ne me lasse pas des picotements qui ont envahi chacun de mes neurones. Tout à coup, j'entends les clients derrière moi s'impatienter. Pourtant j'aimerais rester avec elle, continuer à l'écouter, la regarder. Je finis par payer. Elle me tend mon sac, me sourit. Je me souviens de son doux « Au revoir et bonne journée ».

L'orgasme cérébral et ses dérives

« Je lui ai murmuré que je l'aimais. C'est la phrase qui m'est venue. Ce n'est pas une phrase que j'employais souvent. »

Philippe Besson

Pour expliquer les effets sensoriels ressentis lors d'un moment ASMR, nombreuses sont les personnes à faire un rapprochement avec les sensations perçues lors d'un orgasme sexuel.

Définition du mot orgasme : « *Point culminant et terme de l'excitation sexuelle, caractérisé par des sensations physiques intenses* » (dictionnaire Larousse).

Attention donc aux amalgames et aux raccourcis qui n'ont pour but que d'éveiller la curiosité du grand public. En ASMR, on parle implicitement d'« orgasme sensoriel » et non d'orgasme sexuel. Cette stimulation sensorielle sera provoquée par l'écoute d'une voix, de sons, ou encore la vue de certains gestes qui vont produire une réaction physique de profonde détente. Peuvent être alors ressentis des picotements, des frissons, une sensation d'anesthésie légère du cerveau.

D'ailleurs, nous pouvons faire le parallèle avec les mélomanes qui attestent avoir déjà eu un « orgasme de la peau » en écoutant une chanson ou une musique. Des scientifiques ont désormais mis en évidence la capacité de la musique à engendrer un flot de réactions sensorielles si particulières.

« *L'orgasme de la peau ou frisson musical est une sensation de plaisir à la fois universelle et variable, cela touche différentes parties du corps humain et dépend de la personne et des circonstances dans lesquelles il se manifeste. Une sensation qui présente certaines caractéristiques biologiques et psychologiques de l'orgasme sexuel* », expliquent des chercheurs américains qui ont étudié le lien entre musique et orgasme*.

Vous l'aurez compris, l'orgasme musical, aussi appelé orgasme de la peau, est également caractérisé par une vague d'émotions, des frissons, des picotements qui traversent tout le corps ou qui se concentrent au niveau du cerveau.

Comme je l'écrivais plus haut, cette façon d'utiliser le mot « orgasme » a, pour les amateurs et les créateurs de contenus ASMR, une connotation souvent trop péjorative, qui ne correspond pas au sentiment d'hypnose et d'antistress véhiculé par cette pratique principalement auditive. Certes, l'emploi imagé du mot « orgasme » est plus vendeur pour le monde journalistique, mais il entraîne des dérives qui ne donnent pas bonne presse à une approche que l'on considère avant tout comme une véritable méthode de relaxation.

Bien sûr, l'ASMR peut émoustiller des personnes en manque de sensations. Cependant, il est vraiment dommage de faire un mélange de genres. Les médias ne sont malheureusement pas les seuls à jouer sur cet aspect pernicieux, à tel point que de nombreuses jeunes femmes, au physique de plus en plus avenant, s'approprient l'ASMR en créant des contenus très suggestifs. Cela peut se traduire par des jeux de bouches pulpeuses, des décolletés pigeonnants, ou encore des mimes de bisous, voire plus…

---

* Étude rapportée sur le site « Frontiers in Psychology ».

Pourquoi cette dérive, me direz-vous ? Peut-être parce que l'ASMR est principalement implantée sur la plate-forme YouTube qui permet à ses créateurs de contenus de gagner de l'argent par la mise en place de publicités ou simplement par la comptabilisation du nombre de vues. Comprenez que le calcul est vite fait pour certains, qui y voient une source de revenu potentiellement fructueuse, surtout si l'on sait que le nombre de visionnages de vidéos ASMR peut s'élever très rapidement. Je crois même avoir ouï dire que l'industrie pornographique aurait eu l'idée de créer des films pour adultes « ASMR »...

Un acronyme qui malheureusement perd ses lettres de noblesse au détriment d'une réelle considération thérapeutique. Je suppose qu'il en faut pour tout le monde... Cependant, souhaitons vraiment que chacun y trouve son compte sans porter préjudice au plus grand nombre, qui n'est pas dans cette dérive pornographique.

D'ailleurs il serait plus adapté de remplacer l'intitulé « orgasme cérébral » par « frémissement cérébral » ou « stimulation cérébrale ». Cela aurait un effet peut-être « moins racoleur » mais aurait le mérite de permettre à l'ASMR d'être rétablie dans sa démarche vertueuse.

ASMR et études scientifiques

Qu'on se le dise, il n'y a pas encore eu d'études probantes sur l'ASMR.

Tout de même, le Wikipedia anglophone, faisant mention d'un document basé sur une étude de 245 personnes, dont 222 femmes, âgées de 18 à 54 ans, qui auraient consulté régulièrement les vidéos ASMR, affirme : « *Compte tenu des avantages déclarés de l'ASMR dans l'amélioration des symptômes de l'humeur et de la douleur... l'ASMR pourrait justifier une enquête supplémentaire comme mesure thérapeutique potentielle semblable à celle de la méditation et de la conscience.* »

Sur la chaîne LCI, le 17 juin 2017, dans un reportage intitulé « À la découverte d'une relaxation cérébrale », Pierre Lemarqui, neurologue spécialisé des effets de la musique sur le cerveau, dit commencer à s'intéresser au phénomène ASMR. Il déclare : « *L'ASMR active le système nerveux cérébral, celui qui n'obéit pas à notre volonté. Les effets décrits à l'écoute de l'ASMR sont similaires à ceux ressentis avec la morphine. Tout comme la musique est capable d'engendrer des sensations fortes...* »

Au vu de ces deux informations, il n'est donc pas farfelu d'oser faire le parallèle entre les bienfaits potentiels de l'ASMR et les bienfaits thérapeutiques de la méditation et de la musique.

N'avez-vous jamais ressenti un effet euphorisant en écoutant une chanson ? N'avez-vous jamais entendu parler de l'utilisation des chants et des sons, répétitifs ou non, pour aider à la guérison ou permettre d'entrer en méditation ?

L'ASMR pourrait-elle alors être prise en compte pour son action sur le cerveau et le corps ? En tout cas, nous sommes nombreux à le penser, et c'est ce qui pourrait justifier l'intérêt de ce type de relaxation, déjà largement exploité et apprécié aux États-Unis.

Pourquoi l'ASMR est-elle de plus en plus populaire ?

Dans notre monde moderne où tout va trop vite, où le stress est l'un des fléaux numéro un, l'ASMR est devenu un type de relaxation très accessible et surtout à l'action antistress immédiate. On le sait, les Français sont les premiers consommateurs mondiaux d'antidépresseurs et d'anxiolytiques. Un constat triste et plutôt inquiétant…

C'est pourquoi ce frémissement cérébral qui apporte détente physique et mentale est une bulle d'air, et ce, quels que soient l'âge ou le sexe de la personne. Même les bébés peuvent y trouver un apaisement. Certes, écouter une vidéo ASMR n'aura pas une action durable, mais elle sera très efficace pour faire baisser rapidement la pression.

À en juger la quantité de commentaires que l'on peut trouver sous les vidéos ASMR, de nombreuses personnes témoignent de cet effet antistress ou encore de cet accompagnement au sommeil.

« *J'aime beaucoup tes vidéos et ta voix, malheureusement je n'arrive jamais à finir tes vidéos en entier tellement je suis relaxé, je m'endors pour passer une bonne nuit !* »

« *Merci beaucoup pour ta vidéo. Je fais des crises de tachycardie tous les soirs en me couchant à cause de mes examens et tes vidéos sont les seules à pouvoir me calmer un peu !* »

« *10 ans que je ne dormais plus correctement. Et voilà qu'au détour de quelques propositions YouTube, je découvre ta chaîne et l'ASMR. Ma vie a changé depuis. Je dors comme un bébé ! Merci et continue tes vidéos, car je ne pourrais plus vivre sans ! »*

Mise en situation ASMR – Chez le coiffeur

Assise dans un confortable siège en cuir, j'attends patiemment que Sandrine la coiffeuse vienne s'occuper de moi. Il n'y a pas grand monde dans le salon de coiffure. En bruit de fond, je perçois le ronronnement doux d'un climatiseur. Dehors le soleil est fort et la chaleur écrasante. Beaucoup doivent être en train de bronzer sur les plages. Pour moi, une bonne coupe de cheveux s'impose. Demain, j'ai la soirée de Yanis, mon meilleur ami, et je n'aurais pas pu y aller avec cette tête. Plongée dans mes pensées, voilà enfin Sandrine qui arrive avec un large sourire aux lèvres. Elle est toute mignonne avec sa petite robe à fleurs et son tablier. Ses yeux verts sont pétillants, ses ongles parfaitement manucurés dans un rose pâle très féminin. Elle dédage une sympathie et une douceur hors norme.

« On passe au shampoing ? » me glisse-t-elle en se penchant à mon oreille. Je frissonne. La voilà qui commence à me mouiller les cheveux : « Ça va, ce n'est pas trop chaud ? »

Elle a une voix qui cajole mes tympans. Tous ses gestes sont caressants. Je ferme alors les yeux, et m'abandonne aux froissements de la mousse du shampoing, au massage de ses doigts professionnels sur mon crâne. L'eau ruisselle dans le bac. C'est toute une mélodie « moelleuse » qui m'enveloppe.

Je me sens parfaitement bien, détendue. Les yeux fermés, je pourrais presque m'endormir, alors que j'essaie de tenir une conversation cordiale avec Sandrine, qui ne se rend pas compte combien la seule tonalité de sa voix et la bienveillance de ses gestes me figent dans un bien-être hypnotique.

« On passe à la coupe ? » ne fait qu'accentuer mon état d'hypnose. Je suis totalement molle. Je me lève tel un zombie pour m'asseoir dans le siège qu'elle m'indique gentiment.

Elle passe alors un peigne pour remettre en place mes cheveux ébouriffés. Je sens le peigne qui passe de haut en bas de mon crâne. J'aimerais que cela dure des heures. La voilà qui prend les ciseaux. Le cliquetis des lames qui s'entrechoquent vient se rajouter à ma détente profonde. Je lutte pour ne pas fermer les yeux… mais je sens mes paupières si lourdes, si lourdes…

Sandrine me parle de ses dernières vacances, des bêtises de son fils et de son coup de cœur pour le clip pop de l'été. J'adore sa voix. Je pourrais l'écouter des heures, m'abandonner à la tonalité si douce et sirupeuse de son élocution si singulière, qui vient me bercer. Je souffle des petits « oui », des acquiescements pour lui faire croire que je l'écoute. En réalité, je n'y arrive plus. Je n'entends que la mélodie de sa voix qui m'anesthésie chaque minute davantage. J'adore cette sensation ! Malheureusement, la coupe se termine. Je passe en caisse tel un zombie. Mon cerveau est totalement anesthésié, mes muscles sont du coton… je m'étonne de réussir encore à me souvenir de mon code de carte bleue et à souffler un « Merci beaucoup Sandrine, à la prochaine fois ».

L'ASMR pour tous ?

Même s'il est confirmé que l'ASMR a pour capacité de toucher beaucoup de gens, de tous les âges et de tous les sexes, il n'en est pas moins vrai que certaines personnes l'ont en horreur et n'y seront absolument pas réceptives.

D'ailleurs, il est assez surprenant de voir combien ceux qui n'y sont pas sensibles vont au contraire jusqu'à éprouver du stress. Je connais dans mon entourage proche plusieurs personnes qui ne peuvent absolument pas écouter ni comprendre ma sensibilité et mon engouement pour ce genre de relaxation. Pour eux, une voix chuchotée, des tapotements et des crépitements de papiers vont avoir un effet épidermique désagréable, allant parfois même jusqu'à les faire grincer des dents et provoquer une répulsion, un agacement.

Pourquoi sommes-nous tous si différents face à l'ASMR ? Peut-être que l'on peut trouver une réponse tout simplement dans la diversité des goûts musicaux. Eh oui, les goûts et les couleurs, cela ne se discute pas…

Le berceau des hypersensibles

« En revanche, elle cultive un goût particulier pour les tout petits plaisirs. Plonger la main au plus profond d'un sac de grains, briser la croûte des crèmes brûlées avec la pointe de la petite cuillère, et faire des ricochets sur le canal Saint-Martin. »

Citation du film Le Fabuleux Destin d'Amélie Poulain

Mais alors, comment reconnaît-on ceux qui apprécient le plus l'ASMR ? Après en avoir beaucoup discuté autour de moi, je remarque qu'un point commun semble revenir assez régulièrement entre toutes ces personnes : l'hypersensibilité.

Les personnes hypersensibles sont souvent caractérisées comme ayant un tempérament fragile, ayant la larme facile, étant peu armées pour faire face à un monde hostile. Ce qui est plutôt péjoratif.

Et pourtant, nombreux sont les artistes, les vedettes de cinéma à être « hypersensibles ». C'est cette fragilité, cette sensibilité accrue à son monde intérieur et au monde extérieur qui leur permet d'être singuliers, créatifs et attractifs. Les hypersensibles sont reconnaissables aux sensations et aux émotions intenses qui les envahissent fréquemment. Ils seront hyper-réactifs à l'environnement (froid, chaud, lumière, odeur…), éprouvant une grande sensibilité corporelle (la texture des vêtements portés, un effleurement, une caresse…), une vie émotionnelle intense (une empathie exacerbée, une sensibilité accrue à l'injustice ou à la douleur animale…). Comme je le disais, ils sont souvent artistes, car ils ont une forte sensibilité à l'esthétisme, ils sont très créatifs et vont être facilement touchés voire bouleversés par une musique, des paroles de chanson.

Sans mettre les gens dans des cases et affirmer que seuls les hypersensibles sont réceptifs à l'ASMR, il n'en est pas moins vrai de dire qu'ils représentent la majorité de cette communauté. Cela expliquerait cette capacité amplifiée à ressentir et vivre les stimuli auditifs et visuels propres à ce type de relaxation. En effet, cette hyper-perception faisant déjà partie de leur nature profonde, de leur personnalité, les hypersensibles se retrouvent « chez eux », étant fortement réceptifs à ces sollicitations cérébrales.

> Les plantes aussi sont sensibles aux sons. En 2017, un agriculteur des Bouches-du-Rhône spécialisés dans l'exploitation de courgettes utilisa la musique pour contrer un virus dévastateur qui avait attaqué toutes ses cultures. Ce fut une grande réussite !
>
> « Le principe consiste à utiliser les vibrations de la musique pour lutter contre les maladies de certaines plantes (champignons, virus, bactéries...) afin de limiter l'usage des pesticides. » déclare-t-il lors d'une interview donnée à la presse.
>
> Les effets des fréquences, des vibrations sonores n'ont décidément pas fini de nous surprendre !

Role play – Dermatologue, prise de rendez-vous

« Bonjour, c'est la première fois que vous venez consulter docteur Skyny ? Très bien, eh bien dans ce cas je vais devoir vous créer un dossier pour que vous soyez dans nos fichiers. Ainsi on pourra avoir un réel suivi et l'on pourra vous faire suivre les comptes-rendus par mail ou par courrier.

Alors, commençons. Votre prénom, s'il vous plaît ? Votre nom ? Votre adresse ? Votre mail ? Votre numéro de téléphone ? Votre âge ? Êtes-vous mariée ? Des enfants ? Ah, d'accord. Je vais vous demander votre profession s'il vous plaît. Avez-vous des allergies alimentaires ou à des médicaments ? Parfait. Dites-moi, prenez-vous un traitement en ce moment ? D'accord, très bien.

Il me semble que j'ai toutes les informations importantes, je vous remercie. Alors vous pouvez maintenant attendre le docteur dans la salle d'attente qui est donc à votre gauche en sortant de l'accueil. Vous y trouverez quelques revues. Souhaitez-vous un café, un thé, un verre d'eau en attendant ? Oui, bien sûr. Un petit thé vert alors, avec du sucre ou sans sucre ? Avec du sucre, très bien. Je vous prépare ça tout de suite et je vous l'apporte. Puis-je vous laissez rejoindre la salle d'attente ? Oui, le docteur a un peu de retard, je ne vous le cache pas... Merci de patienter en tout cas. »

L'ASMR ou la madeleine de Proust auditive

L'ASMR peut aussi faire écho à l'expression bien connue « la madeleine de Proust ». Sauf que cette madeleine-ci est principalement engendrée par des stimulations auditives.

La madeleine de Proust, ce sont les souvenirs, la mémoire, qui sont stimulés et font ressurgir des émotions et des sensations passées. Certains évoquent « la conscience affective » qui se matérialise dans des souvenirs sensoriels et émotionnels qui viennent nous surprendre dans notre quotidien, et auxquels nous ne nous attendions pas.

C'est donner vie au passé, dans le moment présent.

En ASMR, on part du même postulat : certains sons et certaines voix, qui engendrent un état de stimulation sensorielle et de relaxation profonde, sont amplifiés par la conscience affective. Comme le souvenir de la voix douce et maternelle qui réveille une émotion d'amour et de réconfort, ou encore le son régulier du tic-tac d'une horloge rappelant un même souvenir auditif d'une situation vécue, particulièrement heureuse et apaisante.

Une histoire de voix

« La voix est ce qui ressemble le plus à l'âme. »

Roger Mondoloni

L'ASMR est en grande partie une histoire de voix : douce ou chuchotée, masculine ou féminine. Certains auditeurs auront plus ou moins d'affinités avec tel ou tel artiste ASMR selon l'effet de sa voix sur leur intellect. Il est d'ailleurs passionnant de s'intéresser aux répercussions des voix dans notre quotidien. En effet, il est dit que la voix serait une alchimie entre nos pensées et notre corps. Notre voix trahirait facilement notre personnalité.

Une voix de femme aura une tonalité plus aiguë à cause des œstrogènes. À l'inverse, un homme affirmera sa virilité et son aspect protecteur par une voix plus grave qui exprimera son taux de testostérone élevé. Une étude a d'ailleurs été menée par des chercheurs de l'IRCAM auprès de 250 volontaires. Cette étude a débouché sur les conclusions suivantes : plus un homme a une voix grave, chaude, profonde avec un rythme lent, plus les femmes le perçoivent comme séduisant, mature, charismatique, en bonne santé… Cela correspondrait, dans la nature, au mâle dominant et à son hurlement lourd et profond.

« La voix, ce ciseau d'or avec lequel nous sculptons nos pensées dans l'âme de ceux qui nous écoutent et y gravons la séduction... »

Jules Barbey d'Aurevilly

Il est aussi affirmé que lorsqu'on parle à une personne aimée, notre voix prend des intonations différentes et singulières. On parle alors de la voix de l'amour. Les chercheurs en ont conclu que les personnes qui parlent d'une voix douce, ou qui murmurent facilement, sont reconnues plus attirantes que celles qui ont tendance à crier. Ainsi, la voix douce aura un plus large succès, car elle rend les personnes plus accessibles. Elle aurait aussi pour effet de diminuer l'anxiété. Cela permet donc de comprendre pourquoi les prières, peu importe les religions, sont le plus souvent chuchotées ou murmurées.

Imaginiez-vous que, juste avec la voix, une demi-seconde suffit à donner une bonne ou une mauvaise impression ?! C'est pourquoi de nombreuses personnalités du show-business, ou encore des hommes d'affaires, font toujours appel à des coachs vocaux. Ainsi, ils apprennent l'art de maîtriser leur débit de parole, le timbre de leur voix. En effet, un chef d'État qui irait trop dans les « aigus » ne donnerait pas une image de leader. Croyez-le, il ne s'agit pas d'un détail, mais bien d'un point déterminant. Voilà d'ailleurs pourquoi de plus en plus de personnes lambda font appel à des formateurs en expression, car il est maintenant reconnu que même lors d'un entretien d'embauche, un débit mal assuré ou un accent craintif seraient rédhibitoires.

« *Notre empreinte vocale en dit long sur notre passé, nos joies, nos blessures, nos émotions.* » affirme Jean Abitbol, médecin ORL et auteur de l'ouvrage *Le Pouvoir de la voix* (Allary Éditions, 2016). Renouer avec sa voix serait une manière de se réconcilier avec sa vraie personnalité.

Tomber amoureux d'une voix ?

« Certaines personnes croiront n'importe quoi si vous le leur murmurez. »

Louis Nizer

On ne peut nier le fait que la voix peut être, pour certaines personnes, une perception sonore de séduction. En effet le timbre d'une voix, sa mélodie, son tempo… est considéré comme une forme de charme. C'est bien naturel puisque, dans le règne animal, les signaux sonores sont utilisés pour séduire.

On le sait, il est possible de faire passer des émotions dans la voix. D'ailleurs, on apprend aux hôtesses standardistes à sourire quand elles parlent au téléphone. Car oui, un sourire s'entend. On associe souvent une voix à un physique, une émotion ou même un sentiment d'attachement. Par une conversation téléphonique, on aura vite fait de s'imaginer, voire de fantasmer, la personne qui nous parle (plus encore si on ne la connaît pas). D'ailleurs, ce n'est pas pour rien qu'il y a des castings de voix, pour les animateurs radio ou les standardistes. La voix a beaucoup plus d'importance qu'il n'y paraît. Elle a un pouvoir d'attraction assez surprenant.

Il existe trois thérapies auxquelles l'ASMR est très souvent comparée : la musicothérapie, l'hypnose et la méditation. Découvrons et analysons les bienfaits que l'on attribue à ces trois thérapies et que l'on retrouve aussi systématiquement dans la pratique de l'ASMR.

L'ASMR et la musicothérapie

La musicothérapie utilise la musique pour toucher la sphère émotionnelle de la personne. On parle de « stimuli sonores » qui vont provoquer un état émotionnel apaisé, réconforté, dynamisé... allant jusqu'à avoir un effet thérapeutique sur la dépression, l'anxiété ou le manque de sommeil.

Les bienfaits de la musicothérapie rappellent de manière frappante les effets de l'écoute ASMR. Or elle est aujourd'hui introduite pour ses actions thérapeutiques prouvées, dans les écoles ou encore dans certains centres hospitaliers.

Nikola Tesla (1856-1943), inventeur et ingénieur de renom, disait : *« Si vous voulez trouver les secrets de l'univers, pensez en termes d'énergie, de fréquence, d'information et de vibration. »*

Des expériences ont en effet été faites sur l'eau. Quand on la soumet à diverses fréquences de son, on découvre qu'elle change de forme, tels des dessins géométriques qui bougent, se créent, s'harmonisent à travers ces énergies de vibrations sonores. Cela prouve combien le son a une influence réelle sur notre organisme, qui est fait à 70 % d'eau.

Ainsi, la musique aura pour effet d'apaiser mais aussi souvent de stimuler, de dynamiser. Quant à l'ASMR, elle a pour effet d'apaiser, de calmer mais aussi de favoriser l'endormissement.

On définit d'ailleurs deux types de musicothérapie :

- D'une part, la **musicothérapie dite « active »**. Dans ce cas, la personne sera sollicitée physiquement. On peut lui demander de chanter, de taper sur des tambours, de jouer d'un instrument… Ici on retrouve l'effet thérapeutique apaisant que va ressentir l'artiste ASMR en créant son contenu. Oui, le créateur de contenu va lui-même ressentir et apprécier les effets apaisants de ce qu'il propose par son chuchotement ou les différents stimuli auditifs et visuels qu'il met en scène.

- D'autre part, la **musicothérapie dite « réceptive »**, qui, elle, va être basée sur l'écoute de différents types de musiques, de sons, créant ainsi des états émotionnels distincts. On dit souvent qu'à chaque humeur correspond sa musique. De la même manière, l'ASMR sera « la musique », « le son », « la vibration » qui va engendrer de l'apaisement, un effet antistress et accompagner vers le sommeil.

Nous pourrions, pourquoi pas, parler d'ASMR active et d'ASMR réceptive.

D'ailleurs, notons que ce qui ressort de l'analyse sensorielle des stimuli par l'écoute de la musique, c'est la montée significative des hormones du plaisir : les endorphines. Lorsqu'on est sensible à l'ASMR, on peut tout à fait affirmer et confirmer la parfaite adéquation entre action et ressenti.

Pour la petite histoire, saviez-vous qu'aux États-Unis le docteur Frederick R. Carrick, spécialisé en neurochirurgie et en coma, aurait découvert qu'écouter notre chanteuse française Nolwenn Leroy aurait des effets particulièrement bénéfiques sur l'état de santé de ses patients ? Ainsi, la musicothérapie largement utilisée dans de nombreux pays, et principalement valorisée par l'utilisation thérapeutique des œuvres de Mozart, serait surpassée par la voix de Nolwenn L. Les effets thérapeutiques de sa voix seraient largement supérieurs à ceux de Mozart ! Imaginez-vous bien que le jour où il fit cette déclaration dans l'émission télévisuelle américaine TBN qui compte jusqu'à plus de cinquante millions de téléspectateurs, il provoqua des ventes pharamineuses de son tout premier album. La découverte du docteur Carrick semblerait avoir légitimé l'usage de l'album de Nolwenn pour des thérapies de lésions cérébrales auprès de plus de 340 praticiens.

L'ASMR et la méditation

« Méditez et vous comprendrez. »

Citation orientale

Écouter de l'ASMR, c'est se recentrer sur le moment présent. Cet état de présence et de lâcher-prise, on le retrouve dans la pratique de la méditation.

La méditation est une pratique mentale reconnue scientifiquement pour ses bienfaits considérables sur le cerveau ainsi que sur la santé physique et émotionnelle. En voici quelques-uns :

- Relâchement des tensions musculaires
- Amélioration de la cohérence de nos fonctions mentales
- Relâchement du système nerveux central
- Augmentation du taux de sérotonine (hormone de la sérénité)
- Amélioration de l'humeur
- Aide au contrôle des pensées
- Amélioration de la stabilité émotionnelle
- Réduction de la dépendance à certains médicaments
- Réduction de la rumination mentale

- Aide à vivre le moment présent

L'être humain pense en permanence. Nos ruminations prennent toute la place dans notre mental. Nous pensons soit au passé, soit au futur. Tout l'intérêt de ce temps de relaxation est de relâcher la pression pour profiter, enfin, de la vie présente. L'idée étant de porter son attention de manière intentionnelle sur les expériences qui se déroulent simultanément. Et cela, sans porter aucun jugement, sans analyser, sans y réfléchir… sans lutter. On parle d'« être dans l'accueil ».

Écouter de l'ASMR permet cette même forme de relâchement cérébral et apprend à se concentrer uniquement sur les sensations et les émotions procurées par l'écoute d'une voix ou de sons spécifiques. Voilà pourquoi il est pertinent de faire un rapprochement entre les bienfaits de la méditation et tout ce que l'ASMR peut apporter d'extraordinaire et de positif d'un point de vue physique et émotionnel.

« *Au début, je prenais l'ASMR pour de la rigolade, oui… J'en riais ! Mais plus le temps passe, plus j'ai eu de problèmes privés et j'étais très tendu pour mon jeune âge… Depuis cette vidéo, j'me suis rendu compte à quel point c'est utile pour se détendre... Je m'abonne obligatoirement, et je vais regarder tout le reste des ASMR. J'ai besoin d'encore plus de détente…* »

Commentaire YouTube

L'ASMR et l'hypnose

Ici je me permets d'établir un parallèle avec l'hypnose dite « ericksonienne ». Le docteur Milton H. Erickson (1901-1980) avait pour spécialité de créer un état d'ennui « assommant » en racontant des histoires interminables, au contenu et au but thérapeutiques. Ainsi, à la surprise de ses patients, il arrivait à dénouer et à traiter des nœuds psychologiques et physiques, de manière à libérer et transformer le mental.

En hypnose ericksonienne, le patient, par le biais d'un langage, d'une visualisation et de suggestions, ressent des sensations et des émotions distinctes : sensations de chaleur, fourmillement, lourdeur ; sentiment d'être à la fois ici et ailleurs ; impression de réveiller des souvenirs, d'éprouver un grand réconfort… Cet état est appelé « état modifié de conscience » (EMC). Vous pouvez appréhender cette disposition cérébrale en pensant à la sensation hypnotique provoquée par le crépitement d'un feu de bois dans une cheminée, ou encore à cette sensation équivoque qu'on ressent lorsqu'on est perdu dans ses pensées.

Entre autres bienfaits, l'hypnose qui est amenée par « la voix » du praticien apportera une aide dans le traitement du stress, de la dépression, de l'anxiété ou encore des perturbations du sommeil.

L'ASMR, c'est un peu de tout cela aussi. Nombreux sont les adeptes d'ASMR à évoquer ce sentiment d'engourdissement cérébral voire corporel, ces sensations, ces souvenirs réveillés, ce sentiment de réconfort… cette solution antistress et cette assistance à l'endormissement.

« J'adore tes vidéos hypnose ASMR !! Non en fait j'aime toutes tes vidéos. Ta voix est tellement agréable. Merci beaucoup pour cette vidéo. Passe une douce et agréable nuit. Bisous »

Commentaire YouTube

Par les différentes concordances entre ces trois approches thérapeutiques reconnues que sont la musicothérapie, la méditation et l'hypnose, vous comprendrez rapidement que l'ASMR pourrait aussi trouver sa place en tant que thérapie. Le temps et les études scientifiques nous le confirmeront peut-être dans un futur proche. En tout cas, cela devrait ouvrir le champ des possibles.

Les effets du stress sur notre organisme

Les effets néfastes du stress sur notre organisme contribueraient de 75 à 80 % à l'apparition de la plupart des troubles physiques et émotionnels.

Il faut dire que faire subir un stress perpétuel à notre corps entraîne rapidement un affaiblissement de notre système immunitaire, favorisant l'apparition de symptômes et de désordres plus ou moins profonds. On parle de réactions inflammatoires du corps, qui, une fois installées, deviennent le berceau de tous les dérèglements de l'organisme.

Le docteur Frédéric Saldmann nous explique que même dix jours après un stress, le corps peut en garder des traces visibles lors d'une IRM.

Aujourd'hui on sait qu'il n'est pas toujours aisé de sortir de la spirale du stress dans laquelle le corps s'est installé. C'est pourquoi la médecine conventionnelle dirige plus systématiquement les patients vers des solutions médicamenteuses chimiques. Pourtant on sait que si les antidépresseurs, les anxiolytiques ou encore les somnifères peuvent être des solutions d'urgence, ils risquent à long terme de devenir dangereux et comptent de nombreux effets secondaires.

Heureusement, de plus en plus de personnes se tournent vers les médecines parallèles et les plantes médicinales. On fera alors appel aux services de sophrologues, de naturopathes, d'acupuncteurs… Et les plantes les plus communément utilisées telles que le millepertuis, le safran ou la camomille bénéficient d'un regain d'intérêt.

Ainsi, la possibilité d'un mieux-être sera perceptible et appréciée, même si les médecines douces, aussi efficaces soient-elles, peuvent prendre du temps pour régler les difficultés rencontrées.

L'intérêt de l'ASMR réside au contraire dans sa rapidité d'efficacité sur l'insomnie et le stress. Ce sont ces effets immédiats qui expliquent l'engouement autour de cette nouvelle pratique de relaxation.

« *Tu es un anxiolytique bio sans effets secondaires !* »

Commentaire YouTube

Mise en situation ASMR – Jeu de société

Assise à table chez mes grands-parents, je les regarde d'un œil distrait sortir le plateau d'un jeu de société trop connu : le Scrabble. « Tu ne veux pas jouer avec nous ?! Allez, ce serait sympa ! » Je leur réponds avec une moue consternée : « Non, non merci, ça va bien, je vais juste vous regarder. » Je suis rivée sur mon portable. Moi, les jeux de « vieux », ça ne me branche pas vraiment.

Ils s'affairent, installent au centre de la table le plateau de jeu. Disposent le dictionnaire à portée de main, placent leur petit porte-lettres. Papi revient avec un crayon à papier et un petit calepin. En bruit de fond, le tic-tac rythmé de l'horloge résonne.

Ils commencent leur partie. Je les sens très concentrés. Mami observe son jeu de lettres. Papi aussi. Ils replacent chacun de leur côté les lettres de leur jeu, pour essayer diverses combinaisons de mots avant de les placer sur le plateau. Les petits crissements réguliers des blocs de lettres s'entrechoquant légèrement les uns contre les autres, les sons du frottement de ces mêmes petits blocs sur le plateau de jeu… me font monter des frissons. De petits picotements envahissent mon cerveau, me donnant l'impression d'avoir mangé une moutarde trop forte. Une vague de détente s'empare de moi. Alors que je suis assise sur ma chaise, toujours mon portable en main, j'ai une envie irrépressible de fermer les yeux. Mon état d'hypnose ne fait que commencer. Le point culminant de mon engourdissement s'impose lorsque vient se rajouter le crissement doux de la mine du crayon à papier grattant sur le calepin dédié au marquage de points. Je pose mon portable sur la table. J'écoute et me laisse emporter dans la mélodie cadencée de tous ces sons qui éveillent si facilement cet état de relaxation que j'adore et qui me surprend toujours autant. Mami s'empare du dictionnaire. Elle se parle à voix basse, cherchant divers mots. Elle fait glisser les pages, si fines… ces simples frottements, crissements de papier ont tôt fait de me faire monter une dose de quiétude. Je suis totalement relaxée, léthargique. Je suis prête à me coucher et il n'est que 15 heures.

« Ines, ça va ?! » me glisse papi de sa voix paisible. Mes yeux sont fermés et je lui réponds par un acquiescement de tête. Il reprend sa partie. Je me délecte de cette situation. Les claquements des petits blocs, le frottement régulier des pages du dictionnaire, les chuchotements de réflexions, le crayon de bois qui gratte le papier et le tic-tac régulier de l'horloge. Quel moment parfait !

L'insomnie, fatalité de notre vie moderne ?

Les troubles du sommeil sont un facteur aggravant du stress et de la dépression, mais ils sont aussi une conséquence de ces états. Une situation qui, bien trop souvent, tourne en rond et s'installe durablement dans le quotidien de milliers de personnes.

Il est reconnu que bien dormir est primordial pour l'équilibre émotionnel et physique de l'humain. Aujourd'hui, toutes sortes de causes nuisent au sommeil réparateur : les sollicitations stressantes du quotidien (travail, vie personnelle, rumination…), mais aussi la prise d'excitants comme le thé ou le café, l'excès de viande, la cigarette, les sodas, ou encore les sollicitations nerveuses (écran d'ordinateur, portable, télé, lumière trop forte…).

Si vous avez déjà connu ces difficultés d'endormissement, ou encore des réveils nocturnes, vous savez que plus on se force à dormir, moins on y arrive.

« *C'est grâce à toi que j'ai des frissons et que je dors rapidement.* »

« *J'adore toutes tes vidéos… et ta voix est tellement douce. Tous les soirs je m'endors avec ta voix. Je commence à diminuer mes somnifères grâce à toi, merci beaucoup.* »

Commentaires YouTube

Les bienfaits potentiels de l'ASMR sur le sommeil

« Ne cesse pas, voix dansante, parole de toujours murmurée, âme des mots qui colore et dissipe les choses les soirs d'été où il n'est plus de nuit. »

Yves Bonnefoy

Peut-être faisiez-vous partie des chanceux et chanceuses qui, enfant, attendaient avec impatience le moment du coucher, quand un des parents venaient les border et accompagner leur endormissement par une ou plusieurs histoires ? Sans aucun doute, lire des histoires aux enfants pour qu'ils s'endorment est un rituel qui a largement fait ses preuves. Il a pour effet de réunir parents et enfants, de créer un moment d'intimité qui renforcera l'attention et la disponibilité de l'adulte auprès du petit. Un moment qui aura un effet rassurant, sécurisant et qui permettra une douce transition entre agitation et sommeil.

Ne serait-ce donc pas, en partie, ce qui permet aujourd'hui à l'ASMR d'être un parfait somnifère ? C'est vrai que les voix douces, les voix chuchotées, les ambiances tamisées, les gestes bienveillants utilisés généreusement par les artistes ASMR permettent de retrouver cette impression d'apaisement et d'attention maternelle/paternelle que nous pouvions avoir dans notre enfance.

L'ASMR aura un tel effet sur le cerveau, par la montée d'endorphines, que, rapidement, une action bénéfique se fera sentir. D'ailleurs, l'ASMR a un tel pouvoir d'endormissement que les personnes y étant sensibles ne peuvent se permettre d'écouter ce type de vidéo ou podcast en voiture sans risquer de tomber rapidement dans un état de somnolence. L'apaisement et l'effet antistress sont si puissants que l'engourdissement du cerveau et la mollesse physique qui s'ensuivent annulent les réflexes. C'est pourquoi la « consommation » de l'ASMR est principalement appréciée le soir, au coucher, ou comme une déconnexion du moment présent.

« J'adore toujours autant tes vidéos. À chaque fois que tu en publies une nouvelle, je sais que je vais bien dormir. »

« Je la garde pour ce soir, je suis sûr que je vais bien dormir ! Merci ! »

« Je découvre l'ASMR et après un peu d'étonnement au départ, j'accroche ! Cela me rappelle quand on nous racontait des histoires pour nous endormir :) Super vidéo, bravo ! »

Commentaires YouTube

Mise en situation ASMR – Le paquet de bonbons

Lou était allongée dans l'herbe, à côté de moi. C'était une journée de printemps particulièrement agréable. L'air était frais et embaumait des premières fragrances des fleurs naissantes. Une légère brise faisait voleter nos cheveux détachés.

« Tiens, ouvre mon sac, j'ai un paquet de bonbons. » Sans tarder, j'attrape son lourd sac de cours. J'en sors un généreux sachet de confiseries. Il y en a de toutes sortes, des plus colorées aux plus moelleuses, avec ou sans emballage.

« Tu en veux ? » dit-elle de sa voix douce et particulièrement chaleureuse. « Non merci, je ne suis pas trop « sucré », surtout à cette heure-ci. » Elle me fixe de son regard bienveillant d'amie de longue date. Elle se relève, et s'assoit en tailleur.

À côté d'elle je reste allongée, profitant pleinement du moment. Ses mains commencent à chercher, fouiller dans le sac en papier. Un bruit de froissement, de légers crissements caressent mes oreilles. S'entrechoquent dans le sac les nombreuses sucreries.

Elle en sort une petit bonbon à la fraise, joliment emballé qu'elle ouvre avec soin et délicatesse. Ce frottement de papier légèrement plastifié est une douceur à lui seul pour mes tympans, à tel point qu'immédiatement je suis envahie d'une vague de chaleur qui me traverse de bas en haut.

Tout en mastiquant son bonbon, elle cherche déjà le prochain. Ses doigts s'affairant au milieu des sucreries, elle me raconte ses derniers émois avec Julien de terminale C. Lou a une voix d'une tonalité très singulière. D'abord, sa voix est particulièrement douce et féminine, mais se rajoute à cela un léger accent. Je suis toujours totalement hypnotisée devant les roulements de ses R, ses lèvres qui claquent à chaque fin de phrase. Je pourrais l'écouter des heures. Elle pourrait me parler de n'importe quoi, je continuerais à l'écouter religieusement. Elle dégage un truc particulier. Un truc qui m'apaise en quelques secondes. La voilà qui attrape une grosse boule de chewing-gum. Ni une ni deux, elle la mastique en rythme. Tout en mâchouillant, elle continue à me parler. Le son de sa voix mêlée à ses bruits de bouche, sa salive qui fait des clapotis, le « blop » de ses lèvres et le chewing-gum qui claquette entre ses dents et sa langue : tous ces sons suffisent à m'emporter dans un délicieux étourdissement. Je suis totalement engourdie par les frissons de bien-être qui me traversent. Je ferme les yeux.

Le bruit, fléau numéro 1 du sommeil ?

Il est étonnant que le bruit soit considéré comme le fléau numéro 1 du sommeil des Français. Nous avons beau être endormis, nos oreilles continuent à percevoir des bruits, qui, même s'ils ne nous réveillent pas, perturbent notre sommeil. Comment alors expliquer que l'ASMR, qui est basée sur la voix et de nombreux sons/bruits, peut, malgré tout, favoriser l'endormissement chez certaines personnes ?

Eh bien, les scientifiques parlent de « bruits blancs ». Ces deniers regroupent toutes les fréquences ou tous les bruits de fond permanents. On citera comme exemples certaines musiques ou encore le bruit des vagues. Peut-on alors imaginer que l'ASMR fasse, entre autres, partie de ces fameux « bruits blancs » qui peuvent accompagner l'endormissement ?

Il est dit que ces bruits ont pour effet de créer un environnement favorable, de mettre l'esprit au repos, qu'ils rappellent des souvenirs agréables et font naître un sentiment de sécurité propice à l'abandon de soi et au sommeil.

La musique classique fait partie de ces « bruits blancs » et il a été démontré en 2008 par des chercheurs de l'Institut des sciences contemporaines de Budapest, en Hongrie, que toutes les tranches d'âges en apprécient les effets soporifiques et qu'elle atténue significativement les troubles du sommeil. On a pu démontrer son effet relaxant, qui réduit, dans le même temps, l'activité du système nerveux, l'anxiété, la pression sanguine, les fréquences cardiaque et respiratoire.

Les différents types de stimulations : les « triggers »

« Un beau visage est le plus beau de tous les spectacles ; et l'harmonie la plus douce est le son de la voix de celle que l'on aime. »

Jean de La Bruyère

L'ASMR est un ensemble de stimuli. On les identifie comme des « déclencheurs » (en français) ou encore plus communément des *triggers* (terme anglais). Il s'agit de donner un nom à l'ensemble des sons (parfois gestes) qui vont déclencher et provoquer des sensations. Ces sensations dont je vous parlais dans le premier chapitre, comme des frissons, des picotements, l'apaisement, l'endormissement…

Les déclencheurs sont généralement les mêmes pour l'ensemble des personnes sensibles à ce type de relaxation. Cependant, même dans le monde de l'ASMR, certains ne seront pas réceptifs aux mêmes déclencheurs et auront des préférences personnelles. C'est d'ailleurs en fonction de leur sensibilité qu'ils privilégieront telle ou telle vidéo.

Mais alors quels sont exactement ces déclencheurs ? Figurez-vous qu'on peut aisément les énumérer et que certains ont même un nom bien défini. Le plus souvent, il s'agit de termes anglais.

Le chuchotement ou Whispering*

Il est sûrement le déclencheur le plus mis en avant dans les vidéos et podcasts ASMR. En effet, il est facile d'être très réceptif et sensible au son d'une voix chuchotante. Cela fait peut-être écho à la façon dont le fœtus perçoit les sons ? Ou encore à la voix douce et chaleureuse d'une maman qui berce son enfant, en lui parlant avec amour et bienveillance ? Le murmure ne serait-il pas dans notre inconscient synonyme d'amour, d'attention et d'apaisement ? Quoi qu'il en soit, le susurrement de la voix chuchotée est un délice.

La voix douce ou Soft Spoken*

La voix est le porte-parole de nos émotions. Par exemple, pour réduire une tension dans une dispute, il est conseillé de baisser le timbre de sa voix. En effet, la voix douce est signe de gentillesse et de pacification. Certains disent même que l'on peut suivre les sentiments d'une personne d'après le timbre de sa voix comme on suivrait une partition de musique. La voix douce est souvent comparée à celle des hôtesses de l'air qui font leurs appels au micro sur un ton suave et « soufflé ».

Le dessin

Il est avéré que la méthode ASMR est née d'une émission anglophone autour d'un artiste peintre qui réalisait et commentait son travail tout en étant filmé. Il est vrai que les caresses d'un crayon,

* On trouve aussi, dans une voix chuchotée ou une voix douce, certains tics verbaux, ou encore des claquements de langue, des bruits de salive… qui vont s'ajouter en tant que déclencheurs et donc accentuer l'effet ASMR selon la sensibilité de chacun.

d'un stylo ou encore d'un pinceau sur une feuille de papier ou une toile sont une cajolerie auditive toute particulière et très appréciée.

Tapping

Les « tapotements » (*tapping* en anglais) sont aussi très prisés pour leur possible diversité. Il s'agit de doigts qui pianotent sur un objet. Ce tapotement pourra être plus ou moins rapide, régulier ou encore saccadé. Les sons seront très variables selon la matière sur laquelle les doigts rebondiront. Les tapotements peuvent être réalisés sur des paquets d'emballage carton, des bouteilles en plastique ou en verre, du bois, de la pierre… mais aussi sur des touches de clavier d'ordinateur ou de téléphone. Lorsqu'on fait du *tapping*, le plus simple est tout de même d'avoir de longs ongles. Car tapoter avec juste la peau du bout des doigts… hum, ça ne fait pas le même effet (au passage, faisons un petit clin d'œil aux artistes ASMR femmes, parfaitement manucurées).

Scratching

Il s'agit ici, en français, du déclencheur « grattement ». Dans un mouvement de doigts conjoints, plus ou moins rapide, le grattement peut être réalisé sur toute forme d'objet et de matière. Le son sera plus rugueux sur une feuille de papier ou quasi inaudible sur une surface totalement lisse comme du verre.

Plastique et emballage

S'amuser avec le bruissement, le froissement d'un papier de bonbon, ou encore d'un emballage plastique, fait aussi partie des nombreux déclencheurs ASMR.

Les pages ou page turning

Ah, le glissement des pages tournées d'un magazine ou d'un livre. Ce geste de tourner les pages apporte un tempo, plus ou moins lent. Ce glissement du papier, ce léger frottement des pages les unes contre les autres… est un déclencheur facilement appréciable au quotidien pour les hyper « sono-sensibles ».

Les éléments de la nature

Pluie, orage, rivière, crépitement du feu… Le tam-tam de la pluie qui frappe le toit ou les fenêtres, les roulements et claquements d'une nuit d'orage, le murmure et les clapotis d'un cours d'eau… tous ces sons provenant de la nature sont depuis longtemps utilisés pour favoriser la détente auditive. Avant que l'ASMR ne se fasse connaître, les vidéos et CD de relaxation offrant cette musicalité naturelle étaient déjà largement appréciés. Et ces sons de la nature font aussi partie du chant auditif de l'ASMR.

Le jeu de rôle ou role play

Il consiste en une mise en situation dans des contextes réels ou farfelus. L'artiste ASMR va entrer en relation directe avec son spectateur/auditeur. Il va s'occuper de lui, le solliciter, le mettre en situation. Il va créer une forme de proximité. Montrer de l'intérêt, de la sollicitude, du soin pour que son interlocuteur se sente écouté, apprécié, aimé ou encore réconforté. Cette mise en scène va créer chez le spectateur/auditeur un état de confiance, un apaisement total, évoquant le soin maternel ou l'attention parentale dont peut bénéficier un enfant, ou encore la sollicitude que nous témoigne une personne.

Bruits de pas

Les claquements des talons sur un parquet ou des pavés, le tempo cadencé des pas sur un sol, ou encore le bruissement de la neige sous les pas, sont aussi des déclencheurs ASMR du quotidien, que les artistes ASMR aiment inclure dans certaines de leurs vidéos.

Shampoo, hair cut, massage

Voilà des gestes d'amour de soi, de soin de soi, qui, accompagnés de sons très caractéristiques, participent à la détente et à l'assoupissement des auditeurs ASMR. Beaucoup seront, par exemple, réceptifs au frottement des mains sur le crâne et au crépitement de la mousse lorsqu'on procède au shampoing. Pour le *hair cut*, l'artiste ASMR mettra davantage l'accent sur les tintements et les cliquetis des ciseaux. Pour ce qui est du massage, ce sera le frottement, le bruit de la caresse, qui fera tout son effet.

Ear to ear

Se faire murmurer quelque chose à l'oreille est un autre type de déclencheur très apprécié. En plus du plaisir auditif, cela provoquera un sentiment de camaraderie, d'empathie, voire d'affection. On ne chuchote qu'à l'oreille des personnes que l'on apprécie particulièrement, à qui l'on porte de l'estime. Le *ear to ear* a donc pour effet d'amplifier le bien-être auditif par une émotion. D'ailleurs de plus en plus d'artistes ASMR utilisent des micros très perfectionnés en forme d'oreille, qui donnent l'impression que la voix ou les stimulations passent réellement d'une oreille à une autre. Frissons garantis !

Mouth sound - Eating sound

Les bruits de bouche sont également des déclencheurs. En ASMR, fini les parents qui pestent contre leurs enfants parce qu'ils font trop de bruit en mangeant. Au contraire l'auditeur aime souvent les sons de bouche : le claquement de la langue, l'aspiration d'un aliment, la mastication, le suçotement, le cliquetis de la salive, les « scrounch scrounch », les « blop »…

Mise en situation ASMR – L'artiste peintre

Je descends pour le retrouver. Il est dans son atelier. Une odeur forte de tabac froid mêlée à des essences de peinture à l'huile me titille les narines. Le voilà debout devant son chevalet tel Picasso devant sa toile. Il attrape un haut tabouret. Il s'assoit avec des gestes harmonieux et précis, il s'affaire. Il vient de m'entendre entrer. « Assieds-toi là si tu veux. » Il pointe du doigt une vieille chaise en osier qui émet de mélodieux craquements lorsque je m'y installe. Il n'est pas bavard, mais je ne suis pas venue pour discuter, juste le regarder.

Dans un silence paisible, le son de son crayon de bois qui gratte la toile rigide est hypnotisant. J'apprécie d'assister aux prémices d'une toile. Une fois l'esquisse au crayon terminée, il cherche dans un pot le pinceau qui va lui servir. Les pinceaux de diverses tailles et diverses formes s'entrechoquent dans le pot en verre. Un tintement doux et régulier qui me fait tressaillir de plaisir. S'ensuivent les frottements mesurés du pinceau sur la toile. Ses gestes sont lents et comme orchestrés. Il s'arrête, attrape un paquet de tabac. Sort une fine feuille et s'en roule une. Ses gestes sont rodés et le fin crissement du papier entremêlé aux froissements des feuilles de tabac est un délice pour mes oreilles et mes narines. Même si je suis totalement contre le fait de fumer, je ne peux nier que ce rituel auditif est très apaisant. Le voilà qui continue sa toile. Il attrape un second pinceau plus épais. Il brosse le papier avec cette peinture à l'huile qui s'étale dans un léger chuintement. Pour moi, la musicalité de l'ensemble de ces frottements, tintements, crissements, clapotements… me transporte ailleurs. Des frissons parcourent ma nuque pour arriver dans mon crâne telles des centaines de petites caresses. Je suis ankylosée et inerte devant ce spectacle. Apaisée et plongée dans un état de relaxation profond… Mon papy est artiste peintre.

Pourquoi le « role play » plaît-il tellement ?

Il est facile de se rendre compte, aux nombres de vues, que les vidéos *role play* sont les vidéos les plus regardées et appréciées en ASMR. Pourquoi un tel phénomène ?

L'humain aujourd'hui vit dans un monde stressant, fatigant… de nombreuses personnes souffrent de solitude, de manque de temps pour soi. Elles n'ont pas les moyens financiers, ni temporels, d'aller se relaxer au spa, de s'offrir une séance de maquillage ou encore de rencontrer un coach… Les *role plays* offrent cette possibilité de soin « en tête-à-tête ». L'artiste ASMR prend alors l'apparence d'un médecin, d'une esthéticienne, d'un coiffeur… et aura des mots, une gestuelle qui donneront le sentiment au spectateur/auditeur d'être choyé, écouté, dorloté. On le sait, quand quelqu'un s'occupe de nous avec bienveillance et qu'il nous consacre toute son attention, cela apporte beaucoup de réconfort. On se sent apaisé, valorisé et estimé.

Voilà sûrement la clé de l'étonnante popularité des vidéos *role play* ASMR. Je ne sais pas si le parallèle est anecdotique ou bien réel, mais il me semble à nouveau qu'il s'agit toujours de l'enfant qui reçoit l'amour maternel/paternel. Serions-nous tous des (grands) enfants en soif permanente d'amour et de bienveillance ?

« *Super vidéo comme d'habitude ! Toutes les semaines j'attends une nouvelle vidéo avec impatience. Merci pour tout ce que tu transmets !* »
Commentaire YouTube

Apprendre tout en se relaxant

Une particularité de l'ASMR est le partage des passions des artistes ASMR. En effet, pour varier et apporter un contenu intéressant et diversifié, les artistes ASMR parlent de ce qui leur plaît le plus au quotidien, car ils y trouvent une source permanente d'inspiration et de sujets de videos.

Voilà pourquoi il est passionnant et tellement instructif, pour les personnes qui suivent les artistes ASMR, d'apprendre et de découvrir toutes sortes d'informations qui vont leur permettre d'élargir leurs horizons et d'affiner leur culture générale. Il est d'ailleurs reconnu que plus un esprit est détendu, plus il sera réceptif pour « apprendre » et mieux assimiler.

Ainsi, dans le monde de l'ASMR français, on pourra s'informer : par exemple sur les clés du développement personnel, l'éducation positive, l'histoire, des rites ancestraux, ainsi que sur l'apprentissage de l'informatique, d'une langue, ou encore sur l'aromathérapie, l'art, la santé… La formidable diversité de ces informations, le plus souvent chuchotées, seront des délices pour les âmes les plus réceptives.

Pour qu'une journée soit réussie, il ne faut jamais se coucher sans avoir appris une nouvelle chose. Avec l'ASMR… c'est facile !

Un moment pour soi

La science reconnaît de plus en plus la capacité thérapeutique de la méditation. Il n'en est pas moins vrai que peu de personnes sont capables de prendre le temps de s'arrêter et de méditer ou encore de se relaxer. Tout le monde est aujourd'hui rivé à des écrans. Ordinateur, tablette, téléphone, télé… notre société est régie par cette hyper-connexion. La plate-forme YouTube fait partie des sites les plus visités et, bonne nouvelle, elle regorge de vidéos de relaxation, d'hypnose et de vidéos… ASMR ! Un contenu de plus en plus volumineux et diversifié, accessible à tous gratuitement. De très nombreuses personnes, chaque jour, découvrent le phénomène de l'ASMR et prennent des moments de détente plus ou moins longs. Une façon de s'accorder du temps pour soi, ce que l'on a tendance à négliger dans un quotidien sur-stimulé.

On écoute l'ASMR le plus souvent avec un casque ou des écouteurs. Assis ou couché, le mieux étant d'être confortablement installé. On entre alors dans une bulle de bien-être, d'apaisement et de sommeil. Une réelle déconnexion du monde et des sollicitations extérieures, avec la quasi-certitude de rapidement tomber dans les bras de Morphée.

« Ayant passé une journée assez désagréable, je suis contente de voir ta vidéo, c'est mon petit moment à moi ! Merci encore pour ta douceur »

Commentaire YouTube

Mise en situation ASMR – Séance maquillage

Aujourd'hui je me marie. Quelle excitation, mais quel stress aussi. Assise sur ma chaise, j'ai déjà enfilé ma robe de princesse et une large serviette recouvre mon buste. James est un maquilleur professionnel. Il est élégant, très soigné et il a une gestuelle empreinte de douceur et de bienveillance. Il est là pour réaliser mon maquillage, me rendre éblouissante pour cette journée toute spéciale.

Il a avec lui une superbe mallette. Il en sort plusieurs trousses, de tailles et de couleurs différentes, dans lesquelles on devine tout un tas de matériel.

Il commence par faire glisser la fermeture Éclair d'une trousse en cuir rigide. Un glissement, un gémissement de glissière doux qui caresse mes oreilles. Il se met à chercher, fouiller parmi les différents boîtiers, crayons, étuis… qui s'entrechoquent entre eux, créant un son tellement agréable que j'en frissonne. Il commence à m'appliquer une crème hydratante sur l'ensemble du visage, du cou. Ses gestes sont caressants et apaisants. Je ferme les yeux, et m'abandonne à ses soins professionnels. James ne parle pas, ce qui me permet d'écouter sa respiration profonde qui vient rythmer et accompagner la musique de ses mouvements.

Après la crème, le fond de teint. Ses mains qui parcourent mon visage me détendent immédiatement. Je sens que mes muscles et mes membres sont de plus en plus lourds sur ma chaise. Il continue à chercher dans l'une de ses trousses différents pinceaux. Mes yeux sont toujours fermés. J'entends les tintements chantants des objets qui s'entrechoquent sous ses doigts. Quand il commence à appliquer une poudre libre sur mon visage, je suis hypnotisée par la légèreté de ses gestes, la caresse du pinceau sur ma peau. J'aimerais que cela dure toujours, tant ce sentiment d'apaisement est fort et incomparable.

Puis j'entends le « clac » de l'ouverture d'un autre boîtier. C'est une palette de fards à paupières. Le plus petit pinceau qui vient caresser mes paupières, puis le mascara qu'il applique avec grande délicatesse, le blush qu'un autre pinceau dépose sur mes pommettes… j'ai le sentiment d'être unique, entourée et choyée. La mélodie hypnotisante de cette mise en beauté aura eu raison de moi. Me voilà au bord du sommeil, juste au bord du sommeil. Une vague de chaleur a pris possession de ma nuque et de ma tête. Des picotements légers et agréables ont envahi mes bras, mes jambes, mes mains. Je ne veux plus bouger, ou plutôt je ne peux plus. Quand son « Voilà, c'est fini ! » vient me sortir de ma léthargie et qu'il me tend un miroir, j'ouvre les yeux et découvre un visage frais, reposé et particulièrement bien maquillé. Je suis anesthésiée mais rendue euphorique par ce moment qui m'a semblé hors du temps. Un moment de relaxation céleste, dont je garderai un souvenir certain.

Les artistes ASMR français

« La voix est le plus beau des instruments, le plus émouvant... »

Anna Gavalda

Dans les prémices de l'ASMR sur YouTube, je me souviens que les artistes français étaient rares et passaient pour des bêtes curieuses. Pour autant, cela ne les empêchait pas d'être créatifs et très sérieux dans leur mission. Un micro et une caméra, même de petite facture, ont permis aux artistes ASMR français de faire du bien par leurs vidéos. Aujourd'hui, je pense que j'aurais quelques difficultés à compter les membres de la communauté ASMR tant les créateurs de contenus sont nombreux à apporter leur pierre à l'édifice. Ce qui est passionnant, c'est de découvrir la personnalité de chacun par les échanges, le partage de passions aussi diversifiées qu'originales. Bien évidemment, il y a les têtes de liste qui entraînent avec eux des milliers de *followers*. Mais cela ne vous empêchera pas d'adorer et d'adopter le contenu de toutes jeunes chaînes, à la communauté plus petite. Heureusement, il n'y a pas de règle et il y en a vraiment pour tous les goûts.

Ici je vous propose une liste de vingt artistes français, aux communautés variables. Sur la plate-forme YouTube, vous trouverez aussi énormément de contenu anglophone ou dans d'autres langues étrangères. Parmi les chaînes anglophones les plus connues, je citerai : GentleWhispering, Miss ASMR ou encore Heather Feather ASMR. Il est d'ailleurs tout à fait possible d'aimer écouter des vidéos ASMR dans une langue qu'on ne comprend pas. Mais ici, j'ai fait le choix de ne vous présenter que des artistes français. Par la suite, il ne tiendra qu'à vous de découvrir d'autres artistes au gré de vos affinités et de vos recherches.

1. Sandra Relaxation ASMR : Sandra est une jeune femme particulièrement sensible à tout ce qui se rapporte au bien-être naturel et au développement personnel. Elle propose aussi de très bons *role plays*. Sa chaîne a connu très rapidement un grand succès et sa communauté est chaque jour plus nombreuse. Il faut dire que Sandra est généreuse, bienveillante et altruiste. Elle aime créer une ambiance chaleureuse et feutrée, à la lueur de bougies. Ses vidéos sont de petits cocons dans lesquels il est facile de se laisser porter.

2. Nyxia ASMR : Nyxia est une belle âme créative. Ses vidéos sont toujours très travaillées, tant dans la qualité des montages que dans celle du son et du contenu. Elle y partage les sujets qui la passionnent comme : « Pourquoi le temps passe si vite ? », « Des créatures aquatiques surprenantes », ou encore « Les rêves prémonitoires ». Toutes ses vidéos permettent d'explorer et de découvrir un monde empreint de mystère, tout en apportant une grande relaxation.

3. Rikita ASMR : Rikita a connu une ascension très rapide par la qualité de ses vidéos. Elle a rapidement pu proposer des vidéos avec un micro 3D, une grande qualité d'image et de son. Ses vidéos sont à thématiques variées. Les plus populaires sont des *role plays* ou encore des vidéos avec jeux de bouche.

4. ASMR Serena : Serena propose des vidéos chuchotées, dans lesquelles elle aime offrir des jeux de sons (allumettes, bougies, pinceaux, tapotements…) mais aussi de très bons *role plays*, des lectures, des partages beauté. Sa chaîne a déjà connu un grand succès en juste une année.

5. Dulcemente ASMR : Chez cette artiste douce et rêveuse, les vidéos sont diversifiées. Elle les présente en voix chuchotée, mais aussi en voix douce. Une des plus populaires se nomme : ASMR*Vidéo Du Nouvel An*Mega Jeux De Rôle*, dans laquelle elle effectue un merveilleux jeu d'actrice en s'appropriant plusieurs personnages féminins. Une belle réussite !

6. Amandine Leloup ASMR : La pionnière en ASMR français ! Elle a eu une chaîne ASMR à grand succès pendant plusieurs années. Puis, pour des raisons personnelles, Amandine l'a fermée pour revenir quelques années plus tard sous le même pseudonyme. Amandine a la particularité d'avoir un magnifique accent, ce qui rend ses vidéos totalement singulières. Ses sujets sont variés, car Amandine est une épicurienne de la vie, qui partage énormément de passions. Cela va de son amour des animaux à la culture, l'art, la gastronomie, en passant par le relooking ou les soins de beauté. Elle propose des vidéos aux voix douces et chuchotées.

7. Little WaterMellon ASMR : Alice au pays des merveilles existe ! Oui, oui… et elle se cache sous un pseudo ASMR. Cette jeune fille est une artiste. Illustratrice dans la vraie vie, elle n'est pas française, mais les quelques vidéos françaises qu'elle propose sont de grande qualité pour ceux qui sauront les découvrir. Ce sont principalement des *role plays*. Sa vidéo la plus populaire est une vidéo ear to ear de doux chuchotements.

8. Jessy Relaxation ASMR : Cette jeune fille propose un contenu très varié. Sa singularité tient peut-être au fait que sa mascotte est un hérisson. Non, non, pas une peluche, un vrai hérisson aveugle trop mignon qu'elle a sauvé et qu'elle a prénommé « Léon ». D'ailleurs sa vidéo la plus populaire est une vidéo ASMR où elle donne des nouvelles du petit Léon à sa communauté.

9. SweetBaby ASMR : Cette artiste propose un contenu féminin et diversifié. D'une grande douceur, elle excelle dans les *role plays* de soins par ses connaissances et ses études de sage-femme. Elle n'en oublie pas pour autant son public masculin à qui elle dédie certaines de ses vidéos. Entrer dans l'univers ASMR de SweetBaby, c'est s'endormir dans la douceur sucrée d'une barbe à papa.

10. Pastille ASMR : Elle propose également un contenu varié mais sa singularité est d'avoir de nombreuses vidéos ASMR autour du jeu en ligne MineCraft, qu'elle a joliment rebaptisé MineRelax. C'est aussi une excellente conteuse, ce qui explique pourquoi sa vidéo la plus populaire est intitulée « Une histoire pour s'endormir ».

11. Nicolasmrelaxtion : Lui aussi est l'un des premiers Français à avoir produit un contenu ASMR sur YouTube. Nicolas est très investi dans ses vidéos et il excelle dans les *role plays* ou encore les vidéos de massage. Il vient dernièrement de proposer un nouveau concept à sa communauté : l'ASMR MATIN. Sa vidéo la plus populaire à ce jour est un *role play* examen des oreilles.

12. Paris ASMR : Figure montante de l'ASMR avec plus de 80 000 abonnés, il propose des vidéos chuchotées autour de ses passions : Paris, le chocolat, le thé et l'aromathérapie. Mais pas uniquement… Il est aussi très doué pour présenter des enregistrements autour de plusieurs sons déclencheurs. Paris ASMR réalise des vidéos en français, mais aussi en anglais et plus rarement en allemand.

13. ASMinautR : Sous le pseudo du Minotaure, ce jeune garçon propose un contenu varié autour de *role plays*, du *tapping* et de ses passions de jeux vidéo collector, du *gameplay*… Sa vidéo la plus populaire est une vidéo AMR autour de son repas McDo.

14. ASMR et Chuchotement : Il est le George Clooney de l'ASMR français. Inventif et créatif, bon acteur, il propose de très nombreux *role plays*. Sa chaîne, très récente, connaît un succès très rapide. Il faut dire qu'il est très impliqué dans ses vidéos et proche de sa communauté avec qui il échange souvent lors de sessions en *direct live*. Sa vidéo la plus appréciée à ce jour est un excellent *role play* de médecin.

15. L'Apaisé ASMR : Il a su s'imposer par la qualité et l'originalité de ses vidéos, qui sont particulièrement travaillées. Des connaissances dans le métier de vidéaste, un matériel très sophistiqué et une créativité à toute épreuve, il propose tout aussi bien des *role plays Geek*, des séances d'hypnose, que des ASMR de développement personnel. Sa vidéo la plus populaire à ce jour est une vidéo ASMR d'hypnose pour dormir rapidement.

16. Zoru ASMR : Amateur de jeux vidéo, Zoru ASMR est très à l'écoute de sa communauté. Il aime partager autour de ses sujets de prédilection : l'informatique, le *gaming*, les films ou encore la culture japonaise. On trouve aussi sur sa chaîne de nombreux *role plays*. Sa vidéo la plus populaire est un *role play* d'agent secret.

17. The French Whisperer : Très présente pendant plusieurs années, la chaîne de The French Whisperer est désormais inactive. Cela n'empêche pas d'y trouver un contenu particulièrement riche et singulier en son genre. En effet, ses vidéos abordent des faits historiques, des chroniques scientifiques ou encore mythologiques… Il s'agit non seulement de se relaxer mais aussi de parfaire ses connaissances. Un travail colossal, proposé et offert gracieusement. À ne pas manquer !

18. AudiASMR : Le roi du *role play* ! Sa chaîne est presque exclusivement consacrée aux *role plays* dont il maîtrise parfaitement l'approche. Jeune homme créatif, il est aussi très à l'écoute de sa communauté. Il tient compte des suggestions, et adapte très souvent son contenu aux propositions.

19. FinalASMR : Un jeune homme qui présente un contenu autour de sa passion du *gaming*. Mais pas seulement, car il n'hésite pas à diversifier pour rendre son contenu plus attractif. Sa vidéo la plus populaire est une ASMR chuchotement autour de ses jeux PS4.

20. Le Chuchoteur ASMR : Une voix grave, profondément masculine. Une tonalité singulière qui donne rapidement des frissons. Le chuchoteur est avant tout un musicien, à la sensibilité de vidéaste. Il a aussi pour passion l'ésotérisme. Sa vidéo ASMR la plus populaire est : « Dormez… je le veux ! »

Mise en situation ASMR – Les parfums

Audrey est ce qu'on pourrait dire une jeune femme passionnée. Un jour que j'étais chez elle, elle me propose de la suivre dans une pièce toute particulière qu'elle ne m'a encore jamais montrée. Intriguée et curieuse, je la suis d'un pas décidé.

Arrivée devant une porte, elle se penche à mon oreille : « Tu promets de ne pas te moquer ? » Je lui renvoie un regard plein de compassion et, par un roulement de regard, je lui confirme qu'elle peut me faire confiance. Immédiatement, elle ouvre la porte et nous rentrons dans un petit cagibi sombre. Elle appuie sur un interrupteur, qui tout à coup éclaire la pièce et me fait découvrir des centaines de parfums et miniatures de parfums, joliment exposés sur des étagères qui recouvrent l'entièreté des trois murs principaux de la pièce.

Audrey est rayonnante. Elle semble si heureuse et si fière de me faire découvrir sa collection secrète. Je savais qu'elle appréciait les parfums, mais il évident que je n'avais pas pris la mesure de sa passion. C'est alors qu'à voix basse, comme si elle me confiait le plus grand des secrets, elle commença à me parler de ses parfums. Elle les touchait, en caressait certains, m'indiquait ceux qui avaient des notes plutôt sucrées et ceux qui avait des notes plus boisées. L'aspect feutré de la petite pièce, sa voix douce presque lascive, l'odeur des fragrances qui se mélangeaient dans l'air, les cliquetis de ses ongles sur les flacons... tout était l'esquisse d'une mélodie qui me fit frémir de plaisir. Une situation propre à me faire ressentir cette détente sonore que je pouvais goûter parfois dans mon quotidien. Cette vague de relaxation profonde, ces picotements, ces frissons me remontant le long de la colonne vertébrale jusqu'à venir s'échouer dans ma nuque... Je les accueillais avec un bonheur dissimulé.

Elle était incollable sur chacun de ses parfums, et m'en parlait avec tant d'amour et de passion qu'elle se livrait à un monologue tout à fait appréciable. J'avais le sentiment de suivre une histoire qui servait à me bercer pour m'accompagner dans un intense sommeil. D'ailleurs, mes jambes étaient devenues molles et j'étais tellement droguée par sa voix et l'ambiance générale de la situation que je m'appuyais au mur pour me soutenir. J'aurais pu m'allonger sur le sol, fermer les yeux et m'abandonner à sa voix. Ne voulant pas lui avouer l'effet si impétueux qu'elle avait sur mon état de détente, je me forçais à garder les yeux bien ouverts et à feindre une écoute active. Si seulement j'avais pu enregistrer ce moment hors du temps, j'aurais alors pu en abuser de retour chez moi, allongée dans mon lit et offerte à cette quiétude qui me conduirait si facilement à une longue sieste.

Comment devenir artiste ASMR ?

« Il aimait tellement le son de sa propre voix que chaque fois qu'il sortait de chez lui, il se téléphonait pour s'entendre sur le répondeur. »

Roger Pierre

Ils et elles sont de plus en plus nombreux à être réceptifs à l'ASMR et à ressentir l'envie de participer, eux aussi, à la diffusion de cette nouvelle méthode de relaxation dans le monde, en devenant des artistes ASMR. D'ailleurs, qui sait, c'est peut-être aussi votre cas !

Si cela est en effet l'un de vos projets, voici quelques réflexions qui pourront vous aider, avant de vous lancer dans l'aventure.

1. Être soi-même sensible et réceptif à l'ASMR. Ce premier point est essentiel : il sera ainsi plus facile de savoir comment aborder les déclencheurs susceptibles de plaire.

2. Déterminer le nom de sa chaîne. Pour être bien indexé, il est judicieux d'ajouter dans son nom de chaîne des mots clés comme ASMR ou encore relaxation. Ce n'est en rien une obligation, mais cela facilite le référencement de votre contenu et vous aurez davantage de chances d'être trouvé. À vous de trouver le nom qui vous correspond le mieux, celui par lequel vous vous identifiez sans pour autant citer votre vrai patronyme.

3. Se créer un personnage ou être soi-même ? Il s'agit là encore d'un choix très personnel qui doit être réfléchi. En effet, quelques artistes ASMR préfèrent porter des perruques, se déguiser pour créer « un personnage » qui va être l'acteur clé de leur chaîne. Ainsi, ils ont le sentiment d'entrer dans un rôle plutôt que de se mettre eux-mêmes en avant. Cela leur permet aussi d'avoir une certaine originalité, ou simplement de ne pas se faire reconnaître.

4. Montrer son visage ou non ? Voilà un autre choix important. Il faut savoir que la plupart des vidéastes ASMR montrent leur visage. Cependant, s'exposer sur Internet n'est pas toujours dénué de risques. Par exemple, d'un point de vue professionnel : selon l'emploi occupé, on n'a pas forcément envie d'être vu sur Internet, sous peine de porter préjudice à sa situation. On peut aussi vouloir dissimuler son visage simplement pour ne pas être reconnu dans la rue, ou pour créer un effet de « mystère ».

5. Le matériel. Un micro et une caméra, voilà tout ce qu'il faut pour débuter. Ce peut être la caméra d'un téléphone portable performant, et dans ce cas certains utilisent le micro du casque. Mais il y a aussi les caméras intégrées des ordinateurs. Dans tous les cas, si on veut proposer un contenu de qualité, il faudra investir dans du matériel :

- Micro + webcam
- Micro + ordinateur avec une caméra intégrée
- Micro + caméra HD + un pied de caméra
- Micro + caméra HD + un pied de caméra + des lumières + une mousse pare-brise
- Micro + caméra HD + un pied de caméra + des lumières + une mousse pare-brise + fond vert

À quoi s'ajoute le choix d'un micro :

- Le micro-cravate : il est pratique, discret et peu cher.
- Le micro binaural : il offre une restitution fidèle du son comme au naturel.
- Le micro 3D : les sons peuvent donner l'impression de venir du haut comme du bas, sur un côté ou un autre, ou encore au-dessus ou en dessous.

Vous comprendrez donc que même si on peut se contenter d'un matériel simple, le coût peut aussi très vite grimper. Cela dépendra donc du budget de chacun, des soutiens financiers des abonnés parfois (par des dons, ils permettent à l'artiste d'améliorer son matériel) et de l'envie que peut avoir l'artiste de se professionnaliser. Il n'en reste pas moins que le micro le plus utilisé par les artistes ASMR français est le Blue Yetti qui coûte environ 150 euros.

Attention : surtout n'investissez pas vos économies trop vite… voyez d'abord si vous arrivez à créer une communauté fidèle, de manière à assurer la pérennité de votre investissement financier.

6. Communiquer autour de sa ou ses passions. Pour se démarquer et pour prendre du plaisir à poster régulièrement du contenu ASMR, il est judicieux de partager sur les thèmes de ses passions. Cela vous permettra d'avoir beaucoup plus d'inspiration et de contenu dans la durée, ainsi que d'attirer un public qui aura les mêmes centres d'intérêt. Il n'en reste pas moins que la quasi-totalité des artistes ASMR s'essaient toujours à quelques *role plays* (les thèmes les plus plébiscités étant : médecin, coiffeur, spa, recruteur…), car ce sont souvent les vidéos les plus demandées.

7. Être conscient des « haters ». Internet n'est pas le monde des Bisounours ! De nombreuses personnes agressives, vindicatives ou encore intimidantes passeront probablement sur votre chaîne. Il est donc important de prendre le temps d'y réfléchir avant. S'exposer sur Internet est un choix, se sentir agressé en fait aussi partie. Et malheureusement, même si 95 % des commentaires que vous recevrez seront gentils, enthousiastes et pleins de gratitude, les commentaires blessants, injurieux, insultants… vous blesseront si vous n'y êtes pas préparé. Il faut donc avoir les épaules solides et ne pas être trop fragile émotionnellement pour y faire face.

8. S'installer dans un lieu calme. Oui, l'ASMR est basée sur les sons et s'écoute très souvent avec un casque. Donc tous les bruits qui vous entourent peuvent être entendus et sont susceptibles de créer une réelle nuisance sonore pour vos auditeurs. C'est pourquoi, avant de vous lancer, soyez certain de pouvoir enregistrer vos vidéos dans un lieu calme. Il est évident que vous ne pouvez pas vous couper totalement du monde… mais cela aura un véritable effet sur la qualité de vos vidéos.

9. Avoir du temps. Eh oui, avoir du temps pour enregistrer ses vidéos est essentiel. Si vous avez déjà l'impression de ne pas avoir une minute à vous, vous trouverez difficilement du temps pour vous consacrer à vos vidéos ASMR. Enregistrer une vidéo prend du temps. Il faut installer son matériel, parfois recommencer ses prises si on a bafouillé ou si un avion est passé, si un klaxon de voiture a retenti, si votre ventre a fait d'énormes gargouillis… Puis il y a le montage vidéo (il existe des logiciels gratuits comme Movie Maker (PC) ou Imovie (MAC) ou des logiciels de montage payants). Vient ensuite la mise en ligne, qui peut prendre jusqu'à plusieurs heures, surtout si vous n'avez pas un bon débit. Il faut également répondre aux commentaires de vos abonnés. Sans oublier que certains artistes

ASMR passent beaucoup de temps en amont de leurs vidéos : à créer une histoire, écrire un scénario, faire des recherches sur un thème qu'ils souhaitent aborder… Oui, oui, c'est un réel investissement et don de soi que de vouloir offrir des vidéos ASMR. Beaucoup ne se rendent pas compte de tout le travail que cela implique.

10. Choisir son rythme. Pour fidéliser ses spectateurs-auditeurs, il est souvent conseillé d'avoir un rythme régulier de publication. Cela peut être deux, trois vidéos par semaine, mais aussi une vidéo tous les dimanches par exemple, ou encore deux vidéos par mois. L'important est d'essayer de tenir ce rythme dans la durée. Souvent, il est conseillé de poster ses vidéos plutôt le soir, pour augmenter le nombre de vues.

Vous l'aurez compris, tout le monde peut devenir artiste ASMR, du moment que l'on est motivé, prêt à investir du temps et un peu (ou beaucoup) d'argent. C'est vrai, il est très motivant et très agréable de faire du bien à des centaines, voire des milliers d'inconnus partout sur la planète. Cela améliore l'estime de soi et on se sent partie prenante d'un monde meilleur !

Mise en situation ASMR – En cuisine

Quand Philipo est entré dans la cuisine alors que j'étais sagement attablée à faire mes devoirs, j'ai eu un léger sursaut. « Tu n'as pas fini de faire semblant de travailler ? »

Mon frère est un rigolard. Un bon vivant comme on les appelle souvent. C'est surtout un excellent cuisinier qui tient un petit restaurant plutôt correct sur la Côte. « Bon, qu'est-ce que je te fais à manger ! » Un sourire gourmand illumine instantanément mon visage. À l'idée d'un bon petit plat, je crois déjà entendre les ronronnements de mon estomac. « Oh, fais ce que tu veux, fais-toi plaisir... de toute manière tu sais que j'aime tout ! » « Ok, mais toi, tu bosses aussi de ton côté ! » Je lui jette un regard complaisant. Évidemment que je n'allais pas me soustraire à ce fantastique cours de chimie qui ne me tient pas plus à cœur que...

Alors que je replonge le nez dans mes cahiers, j'entends Philipo qui, tel un chef d'orchestre, dispose ses ingrédients, prépare ses ustensiles. En quelques secondes le voilà déjà affairé. Le son de l'eau qui ruisselle sur ses légumes entame le début d'une douce mélodie. Le claquement des lames de couteau sur la planche de bois, le glissement des légumes fraîchement taillés dont on devine la fraîcheur par les crissements sous les lames. S'ensuivent les frémissements des oignons dans la poêle, l'eau qui bouillonne sur un autre feu, les ustensiles en métal qui s'entrechoquent dans des claquements joyeux et le crépitement du pilon qui écrase grassement un mélange d'épices... c'est à ce moment-là que les premiers frissons traversent mon corps. Penchée vers mes cahiers, mes yeux sont fixes et je me laisse simplement bercer par tous ces bruissements, qui ont tôt fait de m'hypnotiser. Cette sensation de bien-être qui m'envahit telle une vague de plaisir me fait du bien, m'apaise. Je ne suis plus maître de rien. Mes yeux n'arrivent plus à lire quoi que ce soit. Au contraire, j'ai une irrépressible envie de dormir. Les glouglous, les grésillements des légumes dans l'huile, le bourdonnement du gaz sous les casseroles résonnent tel un refrain à mes oreilles. Je sens mon corps de plus en plus relâché, abandonné. Ne voilà-t-il pas que je bascule doucement dans un état de somnolence profond, qui n'échappe pas à la vigilance de Philipo : « Je rêve où tu es en train de piquer du nez ? » Sa voix épaisse a tôt fait de me sortir de mon inertie. Pouvait-il une seconde s'imaginer qu'il était, par son concert de bruits et de sons, le seul responsable d'une relaxation si profonde qu'elle m'emmenait directement dans les bras de Morphée ?

L'ASMR est-elle payante ?

À ce jour, l'ASMR n'est pas payante. Cependant, de plus en plus d'artistes investissent beaucoup d'énergie et d'argent pour rendre leur contenu plus diversifié et améliorer sa qualité. Comme tout travail, l'artiste a besoin de recevoir en retour. Et même si les commentaires et le nombre de vues peuvent être un soutien et une source de motivation, il n'en est pas moins vrai que cela ne peut pas suffire sur la durée. C'est pourquoi très rapidement les artistes ASMR anglophones ont proposé et instauré la « possibilité » et non « l'obligation » de faire des dons pour soutenir leur travail. Les artistes ASMR français commencent eux aussi à proposer ce type d'échange gagnant-gagnant. Ainsi, il est possible de faire un don sur une plate-forme de type Tipee, d'offrir un chèque-cadeau Amazon, ou tout simplement de faire un don via Paypal.

Les dons sont faits au gré des envies et des possibilités de chacun. Encore une fois, rien n'est obligatoire dans ce processus. Mais ce soutien financier, ces gestes de « gratitude » sont toujours une motivation supplémentaire pour l'artiste et lui permettent d'investir dans un matériel de qualité (micro et caméra par exemple) ou dans des ressources qui lui donneront matière à partage dans ces vidéos, comme des livres, des bijoux, des denrées alimentaires, des produits de beauté, des jeux…

D'ailleurs, les partenaires commerciaux très implantés dans les vidéos YouTube de beauté, entre autres, commencent doucement à trouver un intérêt publicitaire aux vidéos ASMR. Mais ce ne sont pour le moment que des prémices.

Je sais combien certains s'effarouchent à l'idée qu'un artiste ASMR puisse « envisager » recevoir une petite compensation/aide financière, et qu'ils conçoivent ces partages de vidéos comme une sorte de « bénévolat ». Cependant, est-il juste que l'artiste ASMR ponctionne indéfiniment sur ses propres économies et son temps libre, sans rien recevoir en retour ?

À savoir

1. La monétisation YouTube consiste à afficher des publicités au début, voire à la fin des vidéos. Attention cependant, nombreux sont ceux qui déplorent le stress occasionné quand une vidéo de relaxation se termine par une publicité au son fort et criard ! De quoi vous sortir beaucoup trop précipitamment du sommeil ! Pour éviter ça, il y a Adblock...

2. Il est vrai que plus une vidéo ASMR sera longue, mieux ce sera. La meilleure durée reste entre 20 à 30 minutes.

3. Si la vidéo ASMR que vous regardez n'a pas été réalisée en lumière tamisée, n'hésitez pas à baisser directement la luminosité de votre écran d'ordinateur, car cette vidéo pourrait retarder votre sommeil d'une à deux heures.

Mise en situation ASMR – Dans la nature

Ce matin-là, j'étais seule, et je décidai d'aller me promener. Aux alentours de la maison familiale, il y avait une forêt, un lieu particulièrement retiré où je pourrais être en totale communion avec une nature préservée.

Me voilà marchant dans cette forêt épaisse, par cette matinée particulièrement ensoleillée. Sous les arbres, il fait plus frais. Une odeur de mousse fraîche, de lichen vient me chatouiller les narines. Mes pas crissent sur les feuilles qui jonchent le sol. Les rayons du soleil apparaissent dans un rythme orchestré par le mouvement d'une légère brise dans les arbres.

Les oiseaux chantent fort. Je crois reconnaître le chant d'un rossignol. La mélodie d'un étourneau sansonnet et d'un bouvreuil pivoine. Je me suis longtemps intéressée aux oiseaux que l'on pouvait trouver dans nos contrées. Je suis plutôt fière d'ailleurs de savoir reconnaître leur chant.

Quel plaisir de me retrouver ainsi coupée de toute civilisation. J'ai le sentiment d'être seule au monde, avec cette nature qui me parle, sa terre que j'entends presque respirer.

Alors que je continue ma promenade, j'entends un ruissellement de plus en plus fort. Je m'approche d'un ruisseau chantant. Les clapotis, la caresse de l'eau sur les pierres, les quelques poissons que je devine par les étincelles de lumière qui se reflètent sur leurs écailles, accompagnent ce moment de magie.

Et si je m'asseyais là, au bord de ce cours d'eau, comme pour un moment de méditation, d'introspection ? Ni une ni deux, je trouve un coin de mousse plutôt confortable pour m'accueillir. Je m'assois en tailleur, et ferme les yeux. Je me laisse simplement envelopper, bercer par toute cette mélodie vivante de la nature qui m'entoure. Des frissons me parcourent des pieds au sommet de la tête. Ce moment me semble si parfait ! Les clapotis de l'eau, le doux sifflement du vent dans les arbres, le roucoulement aimable d'une tourterelle des bois, le martèlement du pic-vert, le crissement des feuilles sous les pas de quelques animaux sauvages. Il n'en faut pas plus pour me transporter dans une quiétude savoureuse, qui me conduit dans un état d'engourdissement très apréciable. Je suis hypnotisée par toutes les vibrations qui m'entourent. En quelques minutes, me voilà libérée de toutes mes angoisses et toutes mes anxiétés. Je suis bercée par les voix de la nature, avec lesquelles je ne fais plus qu'un.

« Il y a de la musique dans les soupirs d'un roseau ; il y a de la musique dans le murmure d'un ruisseau ; il y a de la musique en tout, il ne nous manque que de l'oreille : notre terre n'est qu'un écho des sphères. »

George Gordon, lord Byron, Don Juan *(1819)*

Le mini-quiz – Suis-je ASMR-réceptif ?

1. Certains sons du quotidien me font ressentir des sensations positives.

☐ Oui ☐ Non

2. Certaines situations, gestuelles du quotidien me font ressentir des sensations positives.

☐ Oui ☐ Non

3. L'humeur des autres me touche souvent.

☐ Oui ☐ Non

4. Je suis particulièrement sensible aux parfums qui réveillent des émotions en moi.

☐ Oui ☐ Non

5. Je suis facilement terrassé(e) par des lumières trop violentes.

☐ Oui ☐ Non

6. Je sursaute facilement.

☐ Oui ☐ Non

7. Je pleure facilement.

☐ Oui ☐ Non

8. J'apprécie particulièrement les couleurs et la présentation d'un plat.

☐ Oui ☐ Non

9. Certaines odeurs du quotidien me font ressentir facilement de l'inconfort ou au contraire du bien-être.

☐ Oui ☐ Non

10. Je suis sensible à la douleur.

☐ Oui ☐ Non

11. Il m'est déjà arrivé de ressentir des picotements au sommet du crâne à l'écoute d'une musique.

☐ Oui ☐ Non

12. Il m'est déjà arrivé de ressentir des frissons agréables en écoutant une personne me parler.

☐ Oui ☐ Non

13. Il m'arrive parfois ou souvent d'être relaxé(e) par une situation anodine.

☐ Oui ☐ Non

➔ Si vous avez plus de 5 réponses positives, il y a de fortes chances que vous soyez ASMR-réceptif !

Cinq artistes ASMR français vous disent tout !

Amandine Leloup ASMR

Quel est ton plus beau souvenir ASMR dans la vie réelle ?

Les balades dans la nature et la cabane des vacances avec mon grand-père (d'ailleurs, sensible à la beauté de la nature, je trouve que les chants d'oiseaux, les bruits de la forêt, de la pluie, etc. sont de puissants déclencheurs ASMR et de détente, comme je le dis souvent dans mes vidéos), et les moments de mon enfance où je regardais ma grand-mère faire des canevas (j'ai repris et remis en ligne une partie de la série concernant ce sujet sur ma nouvelle chaîne).

Penses-tu être une personne hypersensible dans la vie quotidienne ?

Je suis une personne très active, qui aime le réveil du soleil, les thérapies alternatives comme l'aromathérapie, donc très sensible à ce qui fait partie de mon quotidien, notamment les couleurs, les sons. Comme je l'explique dans une de mes anciennes vidéos « L'ASMR c'est quoi », parue sur ma précédente chaîne ASMR en 2012, je pense que, chez certaines personnes, le système de type « récompense » et la dopamine sont impliqués dans ces « frissons » agréables de plaisir (non sexuel) et de relaxation qu'elles ressentent selon cette « hypersensibilité » spécifique à chacun.

Qu'est-ce que la découverte des vidéos ASMR a changé dans ton quotidien ?

En 2012 l'ASMR était différent : l'accent était moins mis sur les aspects liés à la technologie (micro 3D par exemple), c'était plus simple. Et j'étais surtout intéressée par le fait de trouver le *tapping* ou certains éléments visuels (notamment les mouvements des mains) si agréables.

Le partage (pas seulement concernant l'ASMR, mais aussi les messages perso avec des histoires de vie de la part des gens qui suivaient ma chaîne) m'a ensuite beaucoup touchée.

L'ASMR a toujours représenté pour moi un langage universel d'amour et d'attention à tout ce qui nous entoure, un langage qui va au-delà des barrières et des différences linguistiques, culturelles ou géographiques. Rouvrir ma chaîne (après une pause de deux ans) m'a rappelé ce côté partage sans jugement, pression ou compétition, ce qui m'a donné l'espoir de voir aussi des choses authentiques dans le monde virtuel (mais je trouve malheureusement que les *trends*/ tendances et l'aspect « marketing », plus commercial, se font sentir ici aussi de plus en plus… ça vient du fait que le phénomène devient plus populaire et à la mode maintenant aussi chez nous).

Pourquoi as-tu souhaité devenir artiste ASMR ?

En 2012 l'ASMR était plus un mouvement international et je l'avais découvert par le biais des chaînes comme Sweetseductiveasmr ou Gentle Whispering ou Whisper Chrystal. Il n'y avait pas grand-chose en ASMR français à cette époque-là et je trouvais que la langue française si riche et ses accents pourraient être parfaits pour s'adapter à l'objectif de détente et à ce type de partage. J'ai voulu à l'époque créer des vidéos originales qui, j'espérais, « parleraient » aux autres comme des déclencheurs, des vidéos simples, ainsi que donner un peu de mon temps pour parler d'une manière relaxante et douce, ou en chuchotant, sur des sujets plus profonds, plus éducatifs, car je trouve qu'on partage et apprend mieux ensemble en étant détendus. J'ai donc abordé des sujets et des passions personnels : les livres, le parachutisme, la science, la relaxation ou les jeux pour les enfants, souvent en lien avec les suggestions reçues par e-mails ou dans les commentaires des milliers des personnes qui me suivaient (par exemple, l'estime de soi, l'insomnie, le deuil, ou toutes sortes de découvertes dans divers domaines). L'ASMR reste très différent et subjectif pour chacun.

Trois mots qui, pour toi, définissent parfaitement l'ASMR ?

Partage, relaxation, reconnexion (avec soi).

Nyxia ASMR

Mon plus beau souvenir ASMR dans la vie réelle, je crois que ce sont « les soirées pyjamas » quand j'étais enfant où, au moment de dormir, pour ne pas réveiller les parents, nous chuchotions : je me sentais complètement bercée par la sonorité des mots… j'étais dans un état quasi hypnotique !

Penses-tu être une personne hypersensible dans la vie quotidienne ?

Oui, complètement. Je suis une personne hypersensible, avec les avantages et les inconvénients que cela comporte…

Qu'est-ce que la découverte des vidéos ASMR a changé dans ton quotidien ?

La découverte des vidéos ASMR m'a vraiment marquée, c'était incroyable de savoir que des personnes réalisaient des vidéos pour déclencher cette sensation ! Je suis tout de suite devenue accro et cela m'a beaucoup aidée à décompresser et à trouver le sommeil.

Pourquoi as-tu souhaité devenir artiste ASMR ?

J'ai tout de suite souhaité réaliser à mon tour des vidéos, ma motivation a été assez instinctive. J'ai toujours été passionnée de musique, réceptive aux sons en général et, étant graphiste à l'époque, j'avais quelques notions pour travailler l'image... Savoir que je pouvais apporter du bien-être aux autres par ce biais a été une grande source de motivation... J'ai tout de même attendu un an avant me lancer !

Trois mots qui, pour toi, définissent parfaitement l'ASMR ?

Je dirais : sensation, bien-être, sérénité.

Sandra Relaxation ASMR

Quel est ton plus beau souvenir ASMR dans la vie réelle ?

Mon plus beau souvenir reste celui de ma mère qui me chuchotait des histoires lorsque j'étais petite, avec le son des pages qui se tournaient. Je ressens encore l'état dans lequel j'étais chaque soir. Je ne pensais à rien. J'étais comme entourée d'une bulle, et je sombrais d'un coup.

Penses-tu être une personne hypersensible dans la vie quotidienne ?

Si je m'en tiens à la citation : « *Être hypersensible, c'est mener une vie où tout part du cœur* », alors je pense que oui, si on parle des émotions.

Qu'est-ce que la découverte des vidéos ASMR a changé dans ton quotidien ?

Cette découverte m'a permis de mieux dormir en premier lieu. J'avais beaucoup d'angoisses nocturnes et je devenais donc très fatiguée, irritable. J'avais besoin de retrouver un sommeil « normal », réparateur, ce que m'a apporté l'ASMR. J'ai ainsi pu lâcher prise, ne penser à rien, tout en me focalisant uniquement sur cette voix douce, ces chuchotements, ces sons si sécurisants.

Puis cela m'a permis également d'être plus consciente du monde qui m'entoure : une personne qui tourne les pages de son magazine à côté de moi, le vent qui s'engouffre entre les branches d'un arbre, le clapotis de l'eau. J'ai appris à prendre le temps. Fermer les yeux et prendre le temps d'écouter la vie autour de moi.

Pourquoi as-tu souhaité devenir artiste ASMR ?

Après avoir regardé durant plus d'un an des vidéos ASMR, je me suis rendu compte de tout ce que ça m'avait apporté. Et j'ai voulu à mon tour partager cette méthode de détente en y apportant peut-être ma petite touche, ma vision. Je me suis dit : « Il y a tellement de personnes stressées, angoissées de nos jours. Je pourrai peut-être les aider. »

Trois mots qui, pour toi, définissent parfaitement l'ASMR ?

Lâcher-prise, déconnexion, fourmillement.

L'Apaisé ASMR

Quel est ton plus beau souvenir ASMR dans la vie réelle ?

Je me souviens qu'étant enfant, j'étais déjà très réceptif à l'ASMR. Malheureusement, j'étais toujours sujet à des soucis de santé mais j'avais un médecin qui était très pédagogue. Il avait ce besoin d'expliquer ce qui se passait, notamment avec des schémas. Il avait une voix très douce, et bien entendu quand il me présentait les choses en pensant que j'étais attentif à son explication, eh bien, finalement il me perdait, car je ressentais beaucoup de frissons. Même si ça n'était pas une bonne nouvelle (pour mes parents surtout), finalement, tout allait beaucoup mieux pour moi, car au final je n'étais focalisé que sur le positif : mon ressenti grâce à sa voix douce et sa façon de dessiner les choses. Je ne sais pas réellement si c'est mon plus beau souvenir, mais en tout cas, c'est celui qui me marque le plus. Pour moi, il est difficile de déterminer mon meilleur souvenir, car c'est un ressenti quotidien.

Penses-tu être une personne hypersensible dans la vie quotidienne ?

Je suis une personne hypersensible, mais j'ai appris à me protéger, car c'est quelque chose qui n'est pas évident à vivre. Je pense que c'est une chose que nous avons toutes et tous en commun quand nous sommes réceptifs à l'ASMR.

Qu'est-ce que la découverte des vidéos ASMR a changé dans ton quotidien ?

Ma première réaction a été de me dire : « Je ne suis pas seul », comme beaucoup de personnes je pense. Finalement, ce qui a changé, c'est que maintenant je peux en parler plus librement, avec un terme, quelque chose de construit, et finalement je trouve ça plus rassurant pour mes interlocuteurs. Il est plus facile pour moi de l'expliquer, l'exprimer, car je sais que nous sommes des millions ou même des milliards peut-être à ressentir des sensations avec l'ASMR.

Pourquoi as-tu souhaité devenir artiste ASMR ?

Je pense que j'avais au départ un besoin de m'exprimer. Depuis toujours j'aime créer, j'aime partager ce que j'aime, j'aime aussi défendre des points de vue et SURTOUT j'aime aider mon prochain avec des solutions qui m'ont été salutaires. L'ASMR est le seul type de vidéo sur Internet où l'on peut tout faire en termes de création. C'est fantastique et rare, je me sens beaucoup plus épanoui. C'est un format magique.

Trois mots qui, pour toi, définissent parfaitement l'ASMR ?

Sensations, frissons, voix douces.

Paris ASMR

Quel est ton plus beau souvenir ASMR dans la vie réelle ?

Mon plus beau souvenir remonte à mes années d'étudiant dans les bibliothèques. J'aimais tant ces lieux paisibles et propices au travail.

Comme dans le film *Les Ailes du désir* de Wim Wenders, avec ces anges qui entendent les pensées, je laissais les doux sons de papier et les murmures agir sur mon esprit. Un vrai moment de connexion aux autres et au moment présent !

Penses-tu être une personne hypersensible dans la vie quotidienne ?

Je pense être hyper-empathique, et j'ai appris avec le temps à en faire une force. C'est sans doute pour cela que j'aime écouter les autres et prendre soin d'eux.

Qu'est-ce que la découverte des vidéos ASMR a changé dans ton quotidien ?

Elle n'a pas fondamentalement changé mon quotidien. Je dirais simplement que c'est un outil précieux au même titre que la méditation ou la sophrologie. L'ASMR permet de se recentrer, de ralentir le flot des pensées et de donner toute sa valeur au moment présent.

Pourquoi as-tu souhaité devenir artiste ASMR ?

Parce que donner est un pas vers la richesse intérieure.

Trois mots qui, pour toi, définissent parfaitement l'ASMR ?

Simplicité, détente, connexion.

L'ASMR, une future thérapie alternative ?

« C'est toujours les voix qui restent, au final, c'est aussi toujours par elles que ça commence, une voix plus une oreille ; deux fils de soie impalpables et un pavillon ! »

Jean-Jacques Schuhl

Vous l'aurez compris, l'ASMR est avant tout un moment de détente, de relaxation que l'on s'offre dans un quotidien stressant, qui nous déconnecte trop souvent de nous-mêmes et de notre bien-être. Cette approche originale aura vraiment le pouvoir, si vous y êtes réceptif, de vous apporter détente, relaxation et sommeil. Le système nerveux ainsi stimulé, vous pourrez rapidement vous sentir « partir ».

La mélodie des sons : bourdonnement, bruissement, chuchotement, chuintement, clapotis, clappement, claquement, cliquetis, craquement, crissement, froissement, frôlement, gargouillis, gazouillis, gémissement, grattement, grésillement, grincement, grondement, hululement, murmure, pétillement, sifflement, silence, tapotement, tintement...

Si, par ces quelques pages, j'ai pu vous faire découvrir ou redécouvrir cette méthode de relaxation, j'en serai très heureuse. Et pour celles et ceux qui sont encore hermétiques voire très sceptiques, je vous invite à prendre quelques minutes pour tester et vous faire votre opinion.

Au même titre que les thérapies alternatives telles que l'hypnose, la musicothérapie ou encore la méditation ... nous pourrions imaginer qu'un jour, les scientifiques en viennent à cautionner l'ASMR dans les soins antistress, antidouleurs et anti-insomnie. Qui sait ? Tout est envisageable lorsqu'on constate sur la plate-forme YouTube le nombre croissant de vues. Je sais que certains artistes ASMR ont évoqué un jour l'idée de créer des cabinets/salons de relaxation ASMR. Tous les rêves sont permis, vu l'ampleur de la demande autour des soins antistress. Il ne tient maintenant plus qu'à vous de vous connecter à cette belle chaîne de passeurs de bien-être. À bon entendeur… bonne nuit !

Les pistes audio du CD

1. À la pharmacie

2. Chez le coiffeur

3. Dermatologue, prise de rendez-vous

4. Jeu de société

5. Le paquet de bonbons

6. L'artiste peintre

7. Séance maquillage

8. Les parfums

9. En cuisine

10. Dans la nature

11. Boîte à dés

12. Coloriage

13. Recette du fondant au chocolat

14. Voyage dans une bulle